山西省高等学校哲学社会科学研究项目资助
（项目编号：2016326）

刘东霞 陈 红◎著

新能源产业发展研究：以太原市为例

XINNENGYUAN CHANYE FAZHAN YANJIU:
YITAIYUANSHI WEILI

图书在版编目（CIP）数据

新能源产业发展研究：以太原市为例/刘东霞，陈红著. —北京：经济管理出版社，2017.7
ISBN 978-7-5096-5129-2

Ⅰ. ①新… Ⅱ. ①刘… ②陈… Ⅲ. ①新能源—产业发展—研究—太原 Ⅳ. ①F426.2

中国版本图书馆 CIP 数据核字（2017）第 119193 号

组稿编辑：申桂萍
责任编辑：侯春霞
责任印制：黄章平
责任校对：雨 千

出版发行：经济管理出版社
（北京市海淀区北蜂窝 8 号中雅大厦 A 座 11 层 100038）
网 址：www. E-mp. com. cn
电 话：（010）51915602
印 刷：北京玺诚印务有限公司
经 销：新华书店
开 本：720mm×1000mm/16
印 张：15.25
字 数：172 千字
版 次：2017 年 7 月第 1 版 2017 年 7 月第 1 次印刷
书 号：ISBN 978-7-5096-5129-2
定 价：68.00 元

前　言

随着化石能源日益减少、环境污染日益严重、温室效应日趋显著，世界各国认识到可持续发展的重要性，强调在发展经济的同时要更加注重环境保护。在这一背景下，世界各国争相发展风电、光伏、核能以及生物质能等新能源技术。全球新能源开发利用规模迅速扩大，技术不断进步，成本显著降低，呈现出良好的发展前景，许多国家将新能源作为重要的新兴产业。新能源在应对全球气候变化、能源供需矛盾、保护生态环境等方面发挥着重要作用，也成为国际能源转型的重要力量。

目前，从世界范围来看，光伏发电、风电以及生物质能已全面进入规模化发展阶段。如中国、欧洲、美国、日本等传统光伏发电市场继续保持快速增长，东南亚、拉丁美洲、中东和非洲等地区光伏发电新兴市场也快速启动。2015 年，全球光伏发电新增装机超过 5300 万千瓦，占全球新增发电装机的 20%；全球光伏市场规模达到 5000 多亿元；全球生物质成型燃料产量约 3000 万吨，沼气产量约 570 亿立方米，生物液体燃料消费量约 1 亿吨，其中燃料乙醇产量约 8000 万吨，生物柴油产量约 2000 万吨。

20 世纪 90 年代中期以后，我国政府出台了许多支持新能源产业发展的政策与措施，有效地推动了我国新能源产业的发展。2015 年前三个季度，我国光伏制造业总产值超过 2000 亿元，企业规模排名前十位的组件企业平均毛利率超过 15%。相关数据显示，2014 年我国新能源企业数量达 14219 家，其中有 69.14% 的企业是在 2010 年之后注册成立的，企业规模普遍较小。首先从从业人员来看，300 人以上的企业占新能源企业总量的 1.93%，50~300 人的企业占新能源企业总量的 6.72%，50 人以下的企业占新能源企业总量的 91.35%；其次从注册资金规模来看，1 亿元以上的新能源企业占 2.84%，1000 万~1 亿元以上的新能源企业占 9.38%，500 万~1000 万元的新能源企业占 5.93%，50 万~500 万元的新能源企业占 14.53%，50 万元以下的新能源企业占 67.31%；最后从企业收入水平来看，收入在 1 亿元以上的新能源企业占 3.9%，收入在 1000 万~1 亿元的新能源企业占 7.59%，收入在 1000 万元以下的新能源企业占 88.52%。

总体来看，我国新能源产业处于成长期，企业规模小、数量多，基本实现了产品规模化生产，新能源产业链和产业集群初步形成。虽然我国在光伏、风电与生物质能领域具有了一定的竞争力，但从新能源产业的整体水平来看，仍与欧美等发达国家有较大差距。

太原市作为全国重要能源和重化工基地的中心城市，面临着传统产业比重高、产品技术含量低、生产规模不经济等问题，发展包括新能源在内的战略性新兴产业，是实现经济跨越发展、彻底转变资源型经济增长方式的必由之路。

太原市新能源产业起步晚，2014 年太原市新能源消费量占能源消费总量的比重仅为 0.62%，新能源发电装机容量为 24.09 万千瓦，而新能源发电量仅为 1.37 亿千瓦时，与全国平均水平相比有较大差距。因此，分析太原市新能源产业发展状况，对太原市新能源产业的发展水平进行客观评价，认清发展过程中存在的制约因素，明确太原市新能源产业发展的战略方向，完善太原市新能源产业发展的政策措施，对于实现区域经济可持续发展、转变能源消费结构具有重要意义。

近年来，作者先后承担了国家发改委项目“高新技术产业发展评价体系研究”（与山西省发改委合作）、太原市“十三五”规划前期研究重大课题“‘十三五’时期太原市新能源产业发展研究”、山西省软科学研究计划“山西高新技术产业创新集群建设及对策研究”（项目编号：2015041008-2）、山西省高等学校哲学社会科学研究计划“山西省高新技术企业创新行为与创新绩效研究”（项目编号：2016326）等项目，对山西省高新技术产业与太原市新能源产业发展各方面的问题进行了有益的探索，本书即这些课题的部分研究成果。

全书分为上、中、下三篇。上篇首先概述德国、美国与日本等发达国家新能源产业的发展状况与支持政策，分析并总结了德国、美国与日本等发达国家发展新能源产业的实践经验；其次，介绍了我国及国内典型市县如天津、四川省双流县、江西省新余县与河北省保定市新能源产业的发展状况与支持政策，分析并总结了我国及国内典型市县发展新能源产业的实践经验。中篇首先综合分析太原市新能源产业发展所面临的机遇与挑战、存在的优势与劣势，借助 SWOT 分析与 TOWS 分析，提出太原市新能源产业发展的战略方向；其次，利用波特的钻石模型，从自然与资源环境、技术环境、经济环境和社会人文环境四个基本要素，以及机会与政府两个辅助要素出发，详细分析太原市新能源产业发展的要素体系；最后，结合太原市新能源产业发展的战略方向与要素体系分析，分别从基本原则与目标、产业发展重点与布局、重点产业培育工程以及产业发展所需要的保障措施方面，阐述能够促进太原市新能源产业发展的政策措施。下篇对新能源产业典型高新区与企业进行实证研究，分析典型高新区与企业在发展过程中所具备的要素特征，以期为太原市高新区以及相关新能源企业发展提供一定的启示。

本书在撰写过程中，研究团队一方面深入企业实际调研，掌握了大量第一手资料；另一方面与国内外专家研讨交流，加强知识交互，思维碰撞。团队成员经多次研讨形成本书架构，陈红教授负责全书章节和内容统筹安排，撰稿工作具体分工为：刘东霞负责导论、第一、二、六、七章，陈红负责第三、四、五章。最后陈红教授进行统稿审阅。

本书在撰写过程中受到山西省教育厅、山西省科技厅、太原市发展和改革委员会、中北大学企业创新研究中心等单位领导的大力支持和帮助，在此表示衷心感谢！同时感谢经济管理出版社在本书编辑出版过程中给予的帮助。此外，本书参考了近年来国内外新能源产业研究领域的最新成果，因篇幅所限，在此不一一列举，谨向相关专家和学者深致谢意！由于作者水平有限，书中难免存在疏漏和不足，敬请各位专家和读者批评指正。

目　录

导　论 …………………………………………………………… 1
第一节　研究背景与意义 ………………………………………… 1
一、研究背景 ……………………………………………… 1
二、研究目的与意义 ………………………………………… 3
第二节　研究范围界定 …………………………………………… 4
一、新能源及新能源产业的内涵 …………………………… 4
二、新能源产业发展的影响因素 …………………………… 6
三、新能源产业发展政策 …………………………………… 8
第三节　研究思路与研究内容及方法 ………………………… 13
一、研究思路与研究内容 ………………………………… 13
二、研究方法 …………………………………………… 14

上　篇
发达国家与我国典型市县发展新能源产业的实践分析

第一章　发达国家发展新能源产业的实践分析 ……………… 19
第一节　德国发展新能源产业的实践分析 …………………… 19
一、德国新能源产业发展状况 …………………………… 19
二、德国支持新能源产业发展的政策措施 ………………… 23

三、德国发展新能源产业的经验 …………………… 26
第二节 美国发展新能源产业的实践分析 ……………… 29
一、美国新能源产业发展状况 …………………… 29
二、美国支持新能源产业发展的政策措施 ……… 30
三、美国发展新能源产业的经验 ………………… 32
第三节 日本发展新能源产业的实践分析 ……………… 34
一、日本新能源产业发展状况 …………………… 34
二、日本支持新能源产业发展的政策措施 ……… 36
三、日本发展新能源产业的经验 ………………… 38

第二章 我国及国内典型市县发展新能源产业的实践分析 ………………………………………… 41
第一节 我国发展新能源产业的实践分析 ……………… 41
一、我国新能源产业的发展状况 ………………… 41
二、我国支持新能源产业发展的政策措施 ……… 47
第二节 国内典型市县发展新能源产业的实践分析 …… 55
一、天津——世界知名风电装备制造企业的聚集地 …………………………………………… 56
二、四川双流——中国新能源百强县状元 ……… 58
三、江西新余——从“钢城”崛起的“太阳能之城” ……………………………………………… 61
四、河北保定——中国电谷 ……………………… 63
第三节 我国及国内典型市县发展新能源产业的启示 ……………………………………………… 68
一、新能源产业发展有所为有所不为 …………… 69
二、“龙头企业为核心，产学研为支撑”的产业发展模式 ……………………………………… 70

三、充分发挥政策的引导作用 …………………………… 71

中 篇
太原市新能源产业发展的战略方向、要素体系及政策措施

第三章 太原市新能源产业发展的战略方向选择 …………… 77
第一节 太原市新能源产业发展面临的机遇与挑战 …… 77
一、太原市新能源产业发展面临的机遇 ………………… 77
二、太原市新能源产业发展面临的挑战 ………………… 89
第二节 太原市新能源产业发展的优势与劣势 ………… 90
一、太原市新能源产业发展的优势 ……………………… 91
二、太原市新能源产业发展的劣势 ……………………… 111
第三节 太原市新能源产业发展的战略方向选择 ……… 114
一、太原市新能源产业 SWOT 分析 ……………………… 114
二、太原市新能源产业 TOWS 分析 ……………………… 115
三、太原市新能源产业发展的可选方向 ………………… 116

第四章 太原市新能源产业发展的要素体系分析 …………… 118
第一节 钻石模型概述 …………………………………… 118
一、波特的钻石模型 ……………………………………… 118
二、综合双钻石模型 ……………………………………… 121
第二节 基于钻石模型的太原市新能源产业发展的要素体系 …………………………………… 122
一、太原市新能源产业发展的要素体系框架 …… 122
二、太原市新能源产业发展的基本要素分析 …… 123
三、太原市新能源产业发展的辅助要素分析 …… 128
四、太原市新能源产业发展要素的培育方向 …… 130

第五章　太原市新能源产业发展的政策措施 …………………… 132
第一节　太原市新能源产业发展的原则与主要目标 …… 132
一、太原市新能源产业发展的基本原则 ………… 133
二、太原市新能源产业发展的主要目标 ………… 134
第二节　太原市新能源产业发展的重点与产业布局 …… 135
一、太原市新能源产业发展的重点 ……………… 135
二、太原市新能源产业的布局 …………………… 141
第三节　实施引领太原市新能源产业发展的重大培育工程 ………………………………… 143
一、产业基地创建工程 ………………………… 144
二、龙头企业培育工程 ………………………… 144
三、创新能力提升工程 ………………………… 145
四、应用示范推广工程 ………………………… 145
第四节　太原市新能源产业发展的保障措施 ………… 146
一、加强组织领导 ……………………………… 147
二、强化政策导向作用 ………………………… 147
三、积极搭建融资平台 ………………………… 148
四、提高自主创新能力 ………………………… 148
五、吸引优秀人才聚集 ………………………… 149

下　篇
新能源产业典型高新区与企业调研分析

第六章　新能源产业典型高新区调研分析 ………………… 153
第一节　西安高新区新能源汽车产业调研分析 ……… 153

一、西安高新区新能源汽车产业发展的要素体系 …………………………………… 153
二、西安高新区新能源汽车产业发展的基本要素分析 …………………………………… 155
三、西安高新区新能源汽车产业发展的辅助要素分析 …………………………………… 157
第二节 保定高新区新能源与智能电网装备产业调研分析 …………………………………… 159
一、保定高新区新能源与智能电网装备产业发展的要素体系 …………………………………… 159
二、保定高新区新能源与智能电网装备产业发展的基本要素分析 …………………………………… 161
三、保定高新区新能源与智能电网装备产业发展的辅助要素分析 …………………………………… 164

第七章 典型新能源企业调研分析 ……………………………… 167
第一节 山西新源煤化燃料有限公司调研分析 ………… 167
一、山西新源煤化燃料有限公司发展的要素体系 …………………………………… 167
二、山西新源煤化燃料有限公司发展的基本要素分析 …………………………………… 169
三、山西新源煤化燃料有限公司发展的辅助要素分析 …………………………………… 171
第二节 山西中电科新能源技术有限公司调研分析 …… 173
一、山西中电科新能源技术有限公司发展的要素体系 …………………………………… 173

二、山西中电科新能源技术有限公司发展的基本要素分析 …… 175
三、山西中电科新能源技术有限公司发展的辅助要素分析 …… 177

附　录 …… 179
附录一　国家出台的新能源产业支持政策 …… 179
一、国家出台的支持光伏发电产业发展的相关政策 …… 179
二、国家出台的支持风电产业发展的相关政策 …… 181
附录二　山西省及太原市出台的新能源产业支持政策 …… 182
一、山西省出台的新能源产业支持政策 …… 183
二、太原市出台的新能源产业支持政策 …… 184
附录三　典型省份出台的光伏产业支持政策 …… 185
一、河北省出台的光伏产业支持政策 …… 186
二、陕西省出台的光伏产业支持政策 …… 187
三、山东省出台的光伏产业支持政策 …… 188
四、河南省洛阳市出台的光伏产业支持政策 …… 188
附录四　制约山西省甲醇燃料行业发展的因素分析 …… 189
一、山西省甲醇燃料行业发展现状 …… 189
二、制约山西省甲醇燃料行业发展的因素分析 …… 191
三、总结 …… 194
附录五　新能源产业技术成熟度分析 …… 195
一、基于专利分析的新能源技术发展趋势 …… 195
二、新能源领域的技术成熟度分析 …… 198
三、山西省新能源领域的相关技术优势分析 …… 202

附录六 新能源产业典型高新技术开发区与企业调研记录 …… 204
一、西安高新区调研记录 …… 204
二、保定高新区调研记录 …… 208
三、山西新源煤化燃料有限公司调研记录 …… 214
四、山西中电科新能源技术有限公司调研记录 …… 217

参考文献 …… 222

导　论

随着化石能源减少、温室效应严重、全球变暖等问题的出现，新能源产业在世界范围内得到了快速的发展。特别是进入21世纪以来，发展新能源产业，大力推进低碳经济，成为世界各国经济发展的主要方向。

第一节　研究背景与意义

一、研究背景

随着世界各国对能源安全、生态环境、气候变化等问题的日益重视，加快发展新能源产业已成为国际社会推动能源转型发展、应对全球气候变化的普遍共识和一致行动。

近年来，风电、光伏、核能以及生物质能等新能源技术日益成熟，世界新能源产业飞速发展，到2015年底，全球风电累计装机容量达4.32亿千瓦，遍布100多个国家和地区；太阳能发电装机累计达到2.3亿千瓦；生物质发电装机容量约1亿千瓦。据《2016年新能源展望》预测，到2040年，零排放的能源将占到总装机量的60%，新增新能源发电的装机量达到8.6TW，新能源投资额将达到 114000 亿美元①。

世界许多国家均在竞相发展新能源产业。2015 年，风电在丹麦、西班牙和德国用电量中的占比分别达到 42%、19%和 13%；美国提出到 2030 年 20%的用电量由风电供应。在生物质发电领域，美国生物质发电装机容量达到 1590 万千瓦，巴西生物质发电装机容量达到 1100 万千瓦；日本垃圾焚烧发电处理量占生活垃圾无害化处理量的 70%以上。在生物质成型燃料方面，欧洲是世界最大的生物质成型燃料消费地区，年均约 1600 万吨；瑞典生物质成型燃料供热约占供热能源消费总量的 70%。在生物质燃气方面，德国沼气年产量超过 200 亿立方米，瑞典生物天然气满足了全国 30%的车用燃气需求。

2010 年，我国将新能源产业确定为重点战略性新兴产业之一，不断成熟的国内市场对产业发展的拉动力量日益加强。"十二五"期间，我国新能源产业实现了跳跃式发展，2015 年，我国新能源消耗占能源消耗的比重达到 11.4%。

同时可以看到，在政府、企业和园区的协同作用下，新能源产业成为一些地方经济发展的突出贡献力量。山西省作为典型的资源型区域，依靠高投入、高增长的经济增长方式已经无法适应发展知识经济与低碳经济的要求，如何实现区域经济转型发展、提高区域的可持续发展能力是当前山西省必须解决的重要问题。

山西省风能、太阳能、煤层气资源丰富，风能资源≥200 瓦/平方米的技术可开发量在 3000 万千瓦以上；全省年日照数在 2200~2900 小时，年日照百分率为 51.67%，有约 1/3 的地区在

① 国新能源网. 2016 年全球新能源发展的十大趋势［EB/OL］. http：//newenergy.in-en.com/html/newenergy-2272683.shtml，2016-06-14.

2800 小时以上，属于日照充足的地区，2000 米以浅煤层气资源总量约 10 万亿立方米，占全国煤层气资源量的 1/3。2010 年，山西省委、省政府发布了新能源产业发展规划，明确了大力推进战略性新兴产业发展、加快能源结构调整、实现跨越发展的总体思路。经过 6 年的发展，山西省新能源产业有了一定程度的发展，但与发达地区相比，产业规模小、自主创新能力较弱、环境支持力度有限等问题仍然十分突出，真正转变能源消耗结构、实现区域经济转型和跨越发展任重而道远。

太原市作为山西省的省会城市，虽然经济发展迅速，但传统产业比重较大、新能源等战略性新兴产业仍处于成长阶段。因此，发展煤基低碳、煤层气、太阳能与生物质能等新能源产业，对于调整经济结构、转变增长方式、建设资源节约型与环境友好型城市具有非常重要的意义。

二、研究目的与意义

太原市作为全国重要能源和重化工基地的中心城市，面临着传统产业比重高、产品技术含量低、生产规模不经济等问题，发展战略性新兴产业，是实现经济跨越发展、彻底转变资源型经济增长方式的必由之路。

太原市新能源产业起步晚，2014 年太原市新能源消费量占能源消费总量的比重仅为 0.62%，新能源发电装机容量为 24.09 万千瓦，而新能源发电量仅为 1.37 亿千瓦时，与全国平均水平相比有较大差距。因此，分析太原市新能源产业发展状况，对太原市新能源产业的发展水平进行客观评价，认清发展过程中存在的制约因素，明确太原市新能源产业发展的战略方向，完善太原市新能源产业发展的政策措施，对于实现区域经济可持续发展、转变能源消费结构具有重要意义。

在新能源产业发展过程中，政府的重要作用是构建适合新能源产业发展的自然与资源、技术、经济与社会人文环境，组织落实各项政策，引导资源投入。因此，通过分析与借鉴发达国家与国内发达地区新能源产业成功的政策措施，提出构建太原市新能源产业发展环境的政策措施，对太原市新能源产业的发展与壮大、实现区域经济跨越式发展具有非常重要的意义。

本书拟在理论分析的基础上，构建发展新能源产业的理论框架。分别从产业规模、产业结构等方面分析太原市能源供应现状、煤炭产业现状、电网网架结构及配套建设以及新能源产业现状。利用SWOT分析，确定太原市新能源产业发展的战略方向。借鉴发达国家与我国其他省市新能源产业发展的经验，为太原市新能源产业发展建言献策。

第二节　研究范围界定

确定研究范围是展开本书写作的基础，只有明确了研究范围才能较准确地对太原市新能源产业发展状况进行分析与评价，其中研究范围主要从新能源及新能源产业的内涵、新能源产业发展的影响因素以及新能源产业发展政策三个方面进行阐述。

一、新能源及新能源产业的内涵

为客观反映太原市新能源产业的发展状况，需要对新能源与新能源产业的内涵做出界定，以利于本书写作过程中各种资料的收集、整理与分析，以及进行不同城市间新能源产业发展状况的比较。

（一）新能源的内涵

现阶段对新能源内涵的界定有狭义与广义之分。狭义的新能源是指传统化石能源之外的各种能源形式，主要是指在高新技术基础上加以开发利用的新型能源与可再生能源，包括核能、太阳能、生物质能、水能、风能、氢能、地热能和潮汐能等。

广义的新能源包括可再生能源、能够降低碳排放的清洁能源（如煤液化、煤气化、天然气等）、综合开采与利用能源（如煤层气、电厂余热供暖等）、节能与能源高效率利用等。

（二）新能源产业的内涵

新能源产业是指对广义新能源的开发和利用而形成的产业形式，是将太阳能、风能、生物质能、清洁能源、综合利用能源以及能源高效利用等非传统能源产业化的一种高新技术产业。

新能源产业是在新能源的开发和应用过程中形成的相关企业或单位的集合，这些单位致力于新能源领域的科研、实验、推广、应用及其生产与经营等方面的活动，主要包括新能源装备制造，先进核能、风能、太阳能、生物质能、地热能、非常规天然气等新能源和可再生能源的开发利用，以及能源综合利用、高效利用，车用新能源基础设施、智能电网、分布式能源等能源新技术的产业化应用等（李克国，2011）。因此，从产业链条上看，新能源产业由原料供应、零部件制造、整机组装制造、能源利用转换和产品销售等环节构成。

综合分析新能源与新能源产业的含义，可以得出：本书是对经济范畴中的新能源产业进行研究，以反映新能源对经济的贡献程度及作用。新能源在经济范畴中的应用表现为一类经济活动和一种产品类型的集合。一类经济活动表现为新能源技术应用于国民经济中形成行业规模的经济活动；一种产品类型表现为新能源技术成果化形成的新能源企业与新能源产品。

二、新能源产业发展的影响因素

（一）国外新能源产业发展影响因素的研究

许多研究者从不同的角度对影响新能源产业发展的因素进行了分析。Reiche（2002）研究了地理、经济环境、政治、技术与认知环境等因素对欧盟各国新能源产业发展的影响。Lori 等（2007）提出存在合规市场和自愿市场，两个市场以多种方式相互影响以支持新能源产业的发展。Alagappan 等（2011）认为市场结构调整不是新能源发展的主要驱动力。Mischa 等（2006）认为德国新能源产业的成功发展不仅是由于有良好的自然资源禀赋，更主要受益于国家创新扶持政策。Dayel（2004）对欧盟一些国家新能源产业的成功因素进行分析认为，政府自上而下的支持是至关重要的。Jobert 等（2006）提出政府经济激励措施和法规对发展风能有非常重要的作用。Joy（2002）认为影响新能源产业成功的一个重要因素是能否同当地的社会和文化属性相容。Pablo 等（2007）运用演化经济学框架分析了影响西班牙太阳能光伏发电和风能扩散的因素。

（二）国内新能源产业发展影响因素的研究

国内学者着重探讨了制约我国新能源产业发展的因素。李书锋（2009）认为技术落后是制约我国新能源产业发展的最大因素。孟浩等（2010）认为新能源产业发展能力取决于资源、技术、人才、经济、环境及市场等因素。胡丽霞（2008）指出生产要素、需求条件、企业结构以及相关产业和支持产业是关系到北京农村可再生能源产业能否实现产业化发展的关键。Liu 等（2013）认为政府支持是新能源汽车产业发展的重要保障，政府引导汽车企业、大学与科研院所建立产学研联盟，联盟内的合作与联盟间的竞争有效地促进了新能源产业的发展。郭濂

(2014) 认为新能源产业的中长期发展离不开金融的支持，银行信贷对新能源产业的孵化作用成效显著。侯沁江等（2015）提出政府采取的各种措施与新能源汽车产业发展过程中遇到的阻碍因素密切相关，政策措施类型与着力点随着各种阻碍因素的出现不断变化，政策对于新能源汽车产业发展起到了积极的引导作用。郭立伟等（2015）探讨了新能源产业集群形成的关键因素，如产业要素、区域要素与融资要素等，并认为新能源产业集群对促进新能源产业发展有重要的作用。陈芳等（2015）认为协同创新伴随着新兴产业的整个发展过程，会经历孕育、萌芽和成长三个阶段；通过研究美国新能源汽车产业，认为新兴产业发展主要由企业、高校与研究机构、政府建立联盟关系共同参与推动，协同创新过程始终是企业发挥主导作用，且创新主体间的协同创新程度也逐渐加深。而刘东霞和谭德庆（2014）认为环保型消费者在市场中比例的大小直接影响到再制造等环保与新能源产品的销售。通过营造有利于环保与新能源产业发展的环境，宣传新能源环保的特点（刘东霞，2013），可以有效地增加消费者对新能源产品的认可程度，增加环保消费者在市场中的比例（刘东霞，2012），实现促进环保与新能源产业发展的目的。

综合以上文献的观点，可以得到新能源产业发展会受到资源、技术、市场、经济发展方向与环境等因素的影响，各因素对新能源产业发展的影响如表 0-1 所示。

通过对新能源产业发展影响因素研究文献的梳理，可以得到：丰富的资源是新能源产业发展的基础，技术是新能源产业发展的核心，人才是新能源产业发展的关键，投资是新能源产业发展的动力，政策是新能源产业发展的重要保障，协同创新是新能源产业持续发展的强大引擎，满足市场需求是新能源产业发展的目标。

表 0–1 新能源产业发展的影响因素

影响因素	对新能源产业发展能力的影响
资源	资源越丰富，范围越广，越便于利用，新能源产业发展潜力就越大，发展能力就越强；反之，发展潜力越小，发展能力就越弱
技术	直接制约着新能源产业的发展能力：新能源技术越不成熟，其产业发展的不确定性及风险就越大；随着技术的不断成熟与完善，产业发展空间越大，发展能力越强
人才	合理的人才结构是保障；研发人才隐性知识在产业内的传递可以提升技术创新能力（刘东霞，2013）；管理人才推动技术的示范、推广与应用；营销人才加速产业化步伐
投资	在现有技术水平下，投资可以使产业规模不断扩大，实现规模经济（刘东霞等，2010）；增加研发费用，可以推动技术进步，实现产业升级，而投资不足会抑制新能源产业发展能力
经济	经济与新能源产业发展相互作用、相互影响；经济的可持续发展需要新能源产业支撑；强大的新能源产业能促进经济向更有效、更可持续的方向发展
环境	政策环境是新能源产业发展的约束条件，有利于结构调整的新能源产业更容易得到相关政策的支持，发展能力也会增强
市场	市场是检验新能源产业发展的试金石；具有广阔的国内外市场的新能源产业，其发展能力比较强；仅有国内或国外市场的新能源产业，其发展能力相对较弱

三、新能源产业发展政策

新能源产业的发展需要政策支持与引导，学术界对发展新能源产业的政策进行了大量的研究。

（一）国外新能源产业发展政策研究

Fred（2006）认为在新能源技术发展的扩散中，政府政策是最重要的，政策可以减少风险，增加资本的可获得性和承受性。Lund（2009）从新能源技术商业化过程、产业定位的角度讨论了能源政策对新能源产业增长的影响。Jeffrey 等（1999）研究了美国加利福尼亚州的风电发展，认为政府的供给推动和需求拉动的政策工具，使风力发电企业的平均生产成本得以下降。Philippe 等（2003）认为技术创新政策可以降低新能源产业的生产成本。Dan（2007）认为技术创新政策可以提高新能源利用效率并降低生产成本，通过技术、政策、市场三者相结合的政策组合创新，可以有效降低投资风险。Nick 等（2010）认为政策有其适用条件和相应的效应，因此，不同的新能源发展阶段应有不同的政策。Philippe 等（2003）认为应当对激励新能源发展的不同政策进行相对效率的比较。Fred（2006）认为 1990~2000 年对新能源贡献最大的政策为：直接装备补贴和折扣、净计价法律、技术联系标准；投资税收优惠、生产税收优惠、欧洲电力购电法；上网许可、支持独立的电力生产者和第三方销售商。

Hvelplund（2011）考察了 1976~2010 年丹麦的可再生能源政策，认为可再生能源和节能系统已经实现了从丹麦能源供应的次要选择到主要技术的转变，而化石燃料正逐渐变为辅助性的选择。Carley（2011）探讨了美国电力部门主张的投资多样化、分散化和去碳化的政策工具，具体分析了可再生数量标准、净计量和互联规则、税收鼓励、公共福利基金和能效标准，认为在美国能源政策革新时代，政策工具使用会更广泛。Howarth（2012）基于演化经济学的视角，通过来自亚洲的个案研究，论证了单一的价格机制难以足够地支持新能源技术走向市场。

综合以上文献观点，可以得到：政策支持对新能源产业发展有非常重要的作用；由于不同政策适用的条件与效果不同，需要根据新能源产业发展的不同阶段设计不同的政策工具；不仅要设计推动供给的政策工具，而且需要设计拉动需要的政策工具；不仅要支持新能源生产企业，而且要支持新能源技术研发机构。

（二）国内新能源产业发展政策研究

许多研究者从成功经验总结、政策目标与内容等角度分析了发达国家的新能源产业发展政策。

一些学者对欧美发达国家实施新能源政策的成功经验进行

了总结，如陈幼松（1993）总结了20世纪70年代末至90年代初美国的立法政策、丹麦的风电补贴与并网、德国的太阳能补贴、瑞士的能源节约和利用法案以及欧共体（EC）的RWC发电建议。赵刚（2009）系统分析了德国新能源技术的研发资助、生物质能发电的投资补偿、补贴、税收优惠和进口关税政策，以及风电上网电价政策，认为要加强产学研合作，重视支持中小企业创新，加强国际合作。陈凯等（2009）总结了国内外清洁能源发展政策的特点。卢超等（2014）运用内容分析法对美国、日本、德国、法国和英国五个发达国家的新能源汽车产业政策进行了研究，得到：从产业创新链的角度看，政策的制定与出台必须结合产业的发展规律；从政策工具的角度看，政策的侧重点必须瞄准产业发展的“瓶颈”；政策的完善程度与产业的发展实际应基本一致。

对发达国家新能源政策目标与内容的研究较多，如周茂荣等（2007）认为供给安全、竞争力下降与环境负外部性是推动欧盟建立新能源政策的主要因素，其政策内容反映了欧盟一体化的色彩。张玉臣等（2011）根据科技及产业政策的一般构成要素理论，归纳了欧盟支持新能源产业发展政策的主要结构：政策理念及目标、政策实体内容、政策实施环境及条件。刘秀莲（2011）详细介绍了欧盟可再生能源发展目标与主要国家可再生能源产业政策架构及实施情况。高静（2009）分析了奥巴马新能源政策的主要内容，总结得到奥巴马新能源政策的目的是重新夺回在新能源和节能减排领域的领导权与话语权、占领新能源技术的制高点、在国际关系中占据新的“道义制高点”，归纳了清洁发展、提高能效、减排与给予消费者补贴四个特点。元简（2014）基于美国的新能源政策有较突出的两面性，得出了美国新能源政策的发展有较明显的渐进性，政策的实施是自下而上的过程。曹玲（2010）阐述了包括新能源产业发展目标与计划、法律政策、财政金融政策三个方面在内的日本新能源产业政策，并对其实施效果进行了定性评价。

综合以上文献观点，可以得到：早期欧美发达国家对新能源产业的扶持政策主要采取资助与补贴的方式；发达国家是从能源战略的角度出台新能源产业政策；发达国家的新能源产业政策有完整的体系，包括政策目标、政策内容与政策实施条件；发达国家的新能源产业政策有明显的更迭特征，应根据新能源产业发展的需要出台相应的政策措施，政策的侧重点是解决产业发展的“瓶颈”。

还有一些研究者从理论分析的角度对完善我国新能源产业政策进行了探讨，如王敦清等（2006）认为我国新能源发展制度应该包括：国家目标制度、研究开发制度、经济激励制度、市场开拓制度、政府监管制度。宋双勇（2010）从制度变迁的视角研究了 1986 年以来我国的新能源与可再生能源主要法律法规与发展规划以及风电、太阳能利用等政策法规，分析了新能源投融资补贴与税收优惠制度、电力上网制度、电价制度和消费补贴制度存在的缺陷，提出了制度创新的策略。郭超英（2011）从产业经济学的视角，认为新能源产业政策应包括新能源产业技术政策、财税政策、金融政策和外贸政策；提出了促进新能源产业发展的措施，如提高人们对发展新能源的认识，重视新能源发展的战略性和持续性，注重新能源发展与经济和社会发展的有机结合，充分发挥新能源协会的职能作用，完善政府部门和能源部门的监管机制，发挥政府带头消费的示范作用，做到单位统一协调等。

姚梦媛（2011）从政府工具的视角，探讨了法律工具、经济工具和信息工具对新能源与可再生能源发展的作用机制，提出了引进强制配额制度以促进绿色证书交易市场的建立。拓宽融资渠道以增强可再生能源产业融资能力以加大科研投入以促进技术创新、加强区域和国际合作以确保新能源安全等新能源产业发展措施。Zhang 等（2009）认为政府支持是可再生能源发展的关键和初始动力，并对中国的法律法规、经济激励、技术研发和政策模式进行了回顾和评述，提出了加强政策配套等建议。刘东霞和谭德庆（2014）认为消费者的购买意愿会影响再制造等环保与新能源产业的发展，需要政府对相关产业进行政策支持。张宇男（2014）认为从产业生命周期的角度来看，我国新能源产业处于成长期，即新能源产业呈现要素集中、成本降低、相关的产业链与产业集群不断出现、市场需求不断增加的特点；结合该阶段的特点，需要出台相应的人才、财政与市场政策。

Xia 等（2012）认为我国现有的税收政策不能有效地促进新能源产业的发展，提出可以对使用传统能源的企业征收环境税、碳税，反向利用税收政策等措施促进新能源产业发展。张晖（2013）分析了我国许多光伏企业倒闭的原因，认为企业的过度投资、地方政府对新能源产业发展的过度干预造成了我国光伏和风电等新能源产业的重复建设与产能过剩现象，提出地方政府应该改变产业调控方式，以提供信息服务和公共服务为重点，减少对产业发展和企业投资的行政干预；将产业扶持和补贴政策从供给方向需求方转变；由市场机制决定淘汰落后企业，避免对企业进行行政干预；加强土地、资本等要素市场的改革等。刘东霞（2013）提出需要从需求端设计相关的支持政策，引导消费者购买或消费再制造等环保与新能源产品。

通过以上文献分析可以得到：我国新能源产业政策尚不完善，需要从技术政策、财税政策、金融政策与外贸政策等几个方面进行设计与完善；政策扶持的重点应由支持供给端转向需求端与环境建设；应通过政策引导企业的行为，由市场机制决定企业的微观运作。

第三节 研究思路与研究内容及方法

一、研究思路与研究内容

本书以产业组织、产业集聚、技术创新、区域经济发展等理论为指导，通过理论探讨与实证分析相结合、定性分析与定量分析相结合的分析方法，对太原市新能源产业的发展水平进行综合评价，并在此基础上，探讨太原市发展新能源产业的战略方向和政策措施。具体的研究内容包括：

全书共分为上、中、下三篇。上篇为发达国家与我国典型市县发展新能源产业的实践分析，包括第一、二章；中篇为太原市新能源产业发展的战略方向、要素体系及政策措施，包括第三、四、五章；下篇为新能源产业典型高新区与企业调研分析，包括第六、七章。

第一章为发达国家发展新能源产业的实践分析，分别对德国、美国与日本等发达国家新能源产业的发展状况、支持政策与实践经验进行分析总结。

第二章为我国及国内典型市县发展新能源产业的实践分析，分别对我国以及国内典型市县如天津、四川双流、江西新余与河北保定发展新能源产业的实践经验进行阐述与总结。

第三章为太原市新能源产业发展的战略方向选择，分别从世界、国家以及省域层面分析太原市新能源产业发展所面临的机遇与挑战；从研发机构、研发优势、产业基础、产业资源等方面探讨太原市发展新能源产业的优势与劣势；借助 SWOT 分析与 TOWS 分析，提出太原市新能源产业发展的战略方向。

第四章为太原市新能源产业发展的要素体系分析，利用波特的钻石模型，从自然与资源环境、技术环境、经济环境以及社会人文环境四个基本要素，以及机会与政府两个辅助要素出发，详细分析太原市新能源产业发展的要素体系。

第五章为太原市新能源产业发展的政策措施，结合太原市新能源产业发展的要素体系分析，分别从基本原则与目标、产业发展重点与布局、重点产业培育工程以及产业发展所需要的保障措施方面，阐述能够促进太原市新能源产业发展的政策措施。

第六章为新能源产业典型高新区调研分析，通过对西安高新区新能源汽车产业和保定高新区新能源与智能电网装备产业的成长特征进行调研，分析总结西安高新区新能源汽车产业与保定高新区新能源与智能电网装备产业发展的要素体系。

第七章为典型新能源企业调研分析，通过对山西新源煤化燃料有限公司与山西中电科新能源技术有限公司进行调研，分析总结山西新源煤化燃料有限公司与山西中电科新能源技术有限公司发展过程中所需要的基本要素与辅助要素的供给与需求情况。

本书的内容框架与研究思路如图 0-1 所示。

二、研究方法

本书采用理论概括与统计调查相结合、一般分析和典型案例相结合、定性研究和定量研究相结合、规范研究和实证研究相结合、比较分析和案例分析相结合、归纳法和演绎法相结合的综合研究方法，对太原市新能源产业发展现状进行分析，提出太原市新能源产业发展的战略方向和政策措施。

（1）文献查阅，资料收集。首先通过广泛的文献查阅，对新

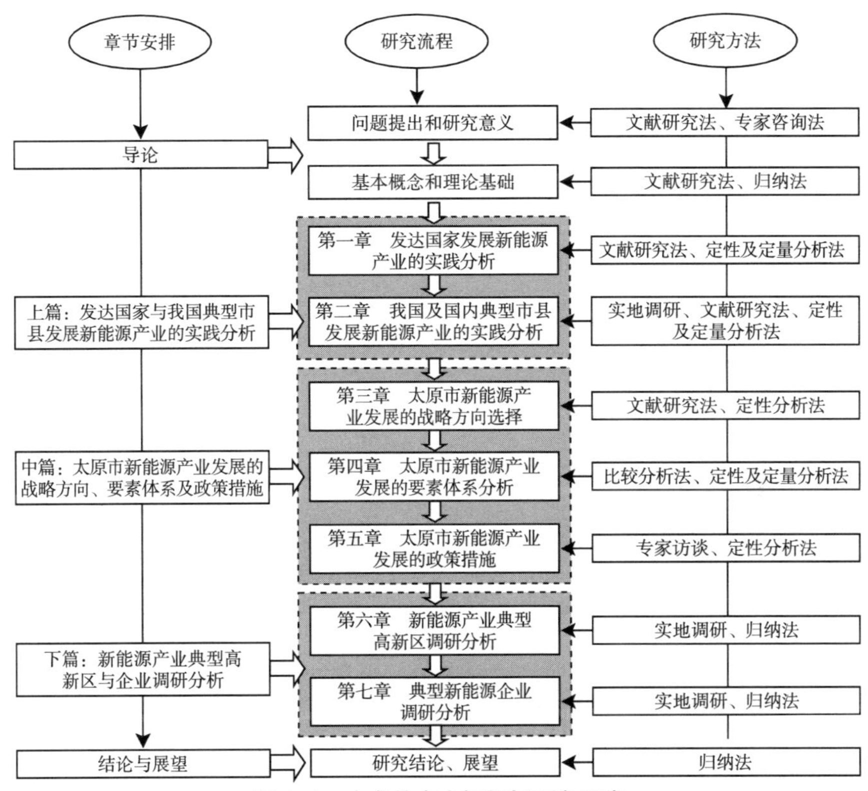

图 0–1　本书的内容框架与研究思路

能源产业发展的相关文献研究进行梳理，对文献进行综述和分析。

（2）统计分析，数理建模。利用统计局和实际调查的数据，建立模型，对太原市新能源产业的技术优势进行定量分析。

（3）理论研究，归纳演绎。对发达国家和典型市县发展新能源产业的相关政策、具备条件和配套环境进行系统性的分析，提出太原市发展新能源产业的政策措施。

（4）实地调研，专家访谈。通过实地调研与问卷访谈的方式，收集了西安高新区新能源汽车产业、保定高新区新能源与智能电网装备产业发展现状的第一手数据，对其发展要素进行了总结；收集了山西新源煤化燃料有限公司与山西中电科新能源技术有限公司发展的数据，为提出促进太原发展新能源产业的政策建议提供依据。

上 篇

发达国家与我国典型市县发展新能源产业的实践分析

许多发达国家在20世纪便开始了新能源的研发与产业化，对这些国家发展新能源产业的经验进行总结，可以得出发展新能源产业的启示。

第一章　发达国家发展新能源产业的实践分析

本章分别分析德国、美国与日本等发达国家新能源产业发展状况与支持政策，从而总结这些国家发展新能源产业的实践经验。

第一节　德国发展新能源产业的实践分析

一、德国新能源产业发展状况

德国是一个矿物能源贫乏国，国内仅有少量硬煤和褐煤，但德国却是世界第五大能源消耗国：石油消耗量居世界第三位，天然气消耗量居欧盟第二位。根据英国石油公司统计，2008 年德国能源的对外依存度方面，石油接近 100%，天然气高达 84%，煤炭约 41%。为了摆脱对外能源的依赖性，德国积极发展新能源产业。2012 年，德国可再生能源行业总投资额达到 195 亿欧元，生产总量为 3.18 万吉瓦时，占最终能源消费总量的 33.7%。同时，可再生能源的生产与利用减少了 1.45×10^9 吨二氧化碳当量的温室气体排放（黄玲等，2010）。

2014 年 12 月 3 日，在利马气候大会的第三日，德国宣布气候行动计划，明确了未来需要做的三项基本工作：其一，在电力、工业、建筑、交通和农业等领域减排温室气体；其二，减少电力消耗，提高能源利用效率；其三，减少初始能源的消耗，增加可再生能源的消耗量。

德国的新能源主要包括生物质能、风能、光伏、水能、地热能与太阳能。其中，生物质能是德国重点发展的新能源。2012 年德国生物质能的产量占可再生能源总产量的 64.6%，其中以生物质直燃和生活垃圾焚烧生产热力发电 1.27 万吉瓦时；以生物沼气及填埋气发电为主的生物质发电 0.368 万吉瓦时；生物柴油和生物乙醇的车用燃料产量为 380 万吨（见图 1-1）。

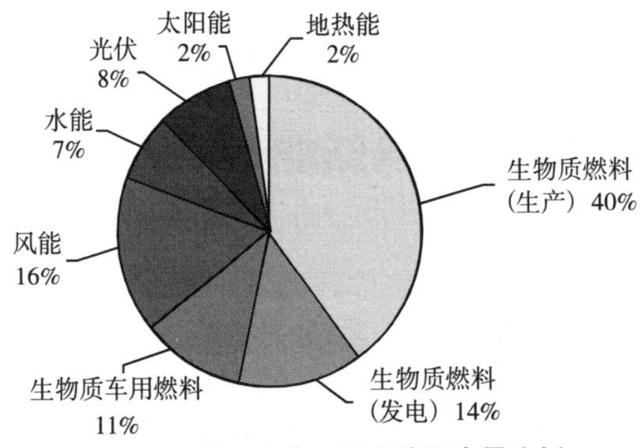

图 1-1　德国各类可再生能源产量比例

资料来源：洪磊，贾峰，吴克. 德国可再生能源开发利用现状［J］. 合肥学院学报（自然科学版），2014，24（3）：78-82.

从德国的新能源利用方式来看，主要有新能源发电与新能源供热两类，以下分别从这两个方面介绍德国新能源产业的发展状况。

（一）新能源发电状况

2012 年德国新能源发电 142418 吉瓦时，占最终能源消费的比例为 23.5%，比 2011 年增加 15.06%。其中，风能发电 50670 吉瓦时、生物质能发电 43550 吉瓦时、光伏发电 26380 吉瓦时、水力发电 21793 吉瓦时（见表 1-1）。

表 1–1　2012 年德国新能源发电情况

能源形式	最终能源（吉瓦时）	占最终能源消费比例（%）	减少温室气体排放（千吨）	较 2011 年增长幅度（%）
水力	21793	3.6	17911	23.33
风能	50670	8.4	39571	3.66
（其中：陆上）	49948	8.2	39007	3.38
（其中：海上）	722	0.12	564	27.11
光伏	26380	4.4	18883	34.60
生物固体燃料	11600	1.9	9200	2.69
生物液体燃料	400	0.1	199	10.19
生物沼气	26100	4.3	10951	26.94
填埋气	550	0.1	433	–12.42
有机生活垃圾	4900	0.8	3985	3.05
地热	25.4	0.004	15	35.11
合计	142418	23.5	101148	15.06

资料来源：同图 1–1。

从表 1–1 可以看出，光伏发电、陆上风能发电以及生物沼气发电是德国新能源发电领域的重点，这主要受益于德国对光伏发电等领域的政策倾斜，以及这些领域的技术处于研发旺盛期、技术不断成熟、生产成本不断降低等（相震，2012）。

生物质能发电量的增加一方面归因于德国法律的强制要求，德国出台了《垃圾填埋规定》，其中明确规定 2005 年后的所有生活垃圾未经处理一律不得进场填埋；另一方面，生活垃圾机械生物处理法（MBT）的快速推广，极大地促进了德国生物沼气发电的发展。

受益于新能源发电设备的增加，2014 年德国可再生能源发电量达到 1560 亿千瓦时，占总发电量的 25.8%，成为德国电力供应的最大支柱。其中，光伏发电较 2013 年增长 14%，约占总发电量的 5.8%；风力发电约占总发电量的 8.6%；生物能发电约占 8%；水力发电约占 3.4%；核能发电以及天然气发电分别占 15.9%和 9.6%。与之相对比，2014 年褐煤发电和烟煤发电所占比例分别为 25.6%和 18%，较 2013 年有所下降。2015 年，德国太阳能、风能和其他可再生能源的发电量达到 1930 亿千瓦时，比 2014 年增加了 20%（卢静，2015）。

德国正推动能源转型，大力发展可再生能源，计划到 2025 年将可再生能源发电比例提高到 40%~45%，并在 2035 年前将这一比例提高到 55%~60%。

（二）新能源供热状况

2012 年，德国新能源供热达到了 140370 吉瓦时，占最终能源消费的比例为 10.2%，比 2011 年增加 9.3%。其中，生物质能供热 126600 吉瓦时、太阳能供热 6700 吉瓦时、地热 7070 吉瓦时（见表 1–2）。

表 1–2　2012 年德国新能源供热情况

能源形式	最终能源（吉瓦时）	占最终能源消费比例（%）	减少温室气体排放（千吨）	较 2011 年增长幅度（%）
生物固体燃料（生活废弃物）	74400	5.4	22155	10.22
生物固体燃料（工业废弃物）	21800	1.6	6056	–0.65
生物固体燃料（直烧）	6500	0.5	1448	12.30
生物液体燃料	800	0.1	192	10.80
生物沼气	13900	1.03	2990	19.28
填埋气	100	0.01	30	–11.50
有机生活垃圾	9100	0.7	2651	14.19
太阳能热	6700	0.5	1778	4.04
地热	7070	0.52	672	12.28
合计	140370	10.2	37972	9.30

资料来源：同图 1–1。

模块式热电联产发电机组（BHKW）技术、生物质成型燃料（BMF）技术与直燃技术的广泛应用，加快了德国生物质能供热的快速发展，使生物质应用成为德国热力生产的最主要替代能源形式（洪磊等，2014）。

虽然德国为纬度较高且非地热资源丰富地区，但德国在太阳能与地热领域拥有先进的技术，如浅层地源热泵技术，使太阳能热利用及地热资源利用在德国得到了快速的发展。2007 年，德国有 13 万台地源热泵，应用于居民区和商业建筑中，并且以每年新增 3 万台地源热泵的速度飞速发展。2008 年德国探索深部地热能钻探技术，研发出以回灌为主的热储技术——2700 马力的深孔钻机，并将这一技术应用于许多地热发电项目，如慕尼黑的多恩哈尔等地区建立的地热发电设施项目。

二、德国支持新能源产业发展的政策措施

德国支持新能源产业发展的政策措施主要有：以立法的形式推动新能源产业发展；设立明确的新能源项目推进计划。

（一）颁布支持新能源的法律

早在 20 世纪 90 年代，德国便通过立法的形式推动可再生能源产业发展，主要以支持可再生能源发电为立法目标。1990 年德国在《电力输送法》中明确规定了对可再生能源发电提供补贴的方案。为了促进可再生能源发电能够顺利并网，1991 年德国颁布了《可再生能源电力并网条例》，要求可再生能源发电必须并网；制定了最低并网电价；在此后 20 年里，每度电可获得 0.199 马克（0.151 美元）的补贴。2000 年又颁布了《可再生能源促进法》，明确了可再生能源优先以固定电价入网。2005 年颁布了《能源供应电网接入法》，以规范供电市场参与者行为。《能源行业法》为促进可再生能源接入电网做出了更加详细的补充规定

（张小锋等，2014）。

在支持新能源发电的同时，德国也通过立法形式限制化石燃料的使用，1999 年颁布了《生态税改革法》，明确了对使用化石能源的企业和个人征收生态税，从需求端增加新能源的利用。

随着生物质能技术的快速发展，德国于 2001 年颁布了《生物质发电条例》以支持生物质发电发展。为了使生物质能发电实现市场化运作，2006 年 12 月生效的《生物燃料配额法》将促进生物燃料发展的措施从税收减免调整为比例配额，规定化石燃料必须添加或者混合一定比例的生物燃料。

2006 年以后，德国对新能源产业的支持由行业扶持转为项目投资与技术研发投资。2008 年 1 月生效的《能源补贴分配总规则 No.1313/2007》规定对可再生能源领域投资和科研项目予以资助，以促进新能源产业技术提升；2008 年 7 月生效的《太阳能电池政府补贴规则 No.2009：689》规定投资太阳能光伏系统将获得政府补贴。

为了规范政府对可再生能源生产的补贴行为，2008 年 4 月实施了《促进可再生能源生产令》；2009 年 3 月实施了《可再生能源分类规则》，其中明确了可再生能源产品分类信息，并要求按照 SDE 法开展政府补贴时的金额计算方法；2009 年颁布的《能源投资补贴清单》于每年年初修订，用于说明在政府《能源投资补贴》的安排下，每年可获补贴的投资项目清单及补贴金额。

德国除了支持新能源发电之外，也出台了相关的法律支持新能源供热。如 2008 年实施的《可再生能源供暖法》，以能源供应的可持续发展、保护气候和降低能源对外依存度为宗旨，提出到 2020 年可再生能源在供暖用能上的比例达到 14%（李自成，2009）。

（二）设立项目推进计划

首先，德国政府于 2010 年制定了《能源方案 2050》，确立了德国能源发展的分步战略目标，并规划了一条依靠经济、技术等手段支撑的能源发展道路。《能源方案 2050》中明确了可再生能源占最终能源消费的比例：2020 年为 18%、2030 年为 30%、2040 年为 45%、2050 年为 50%（见表 1-3）。

表 1-3　德国《能源方案 2050》的可再生能源分步发展目标

单位：%

占比＼年份	2020	2030	2040	2050
可再生能源占最终能源消费总量	18	30	45	50
可再生能源发电占电力消费总量	35	50	65	80
减少温室气体排放（较之 1990 年值）	40	55	70	80~95

资料来源：同图 1-1。

其次，从 1977 年开始德国政府先后出台 6 期能源研究计划。第 6 期新能源研究项目计划为：2011~2012 年，政府将投入 35 亿欧元用于推进新能源研发，以建立全新的能源供应系统。该计划的支持重点为可再生能源和提高能效，其中，德国农业部资助生物能源领域的相关研究约 1.8 亿欧元。

最后，德国制订了一系列的具体项目推进计划。①太阳能屋顶计划。在欧盟 1998 年 9 月推出的欧洲“百万太阳能屋顶计划”战略框架下，德国政府宣布从 1999 年 1 月到 2003 年 12 月实施“10 万太阳能屋顶计划”，由德国经济部为该计划提供总计约 4.6 亿欧元的财政预算。②生物质能行动计划。2005 年 12 月，欧委会宣布在全欧盟范围实施生物质能计划，并要求各成员国制订本国计划。德国生物质能计划的基本目标是按照可持续发展原则，持续提高生物质能在能源供应中的比率，所采取的具体措施依托现有法规体系和促进措施而展开，这些措施涵盖产量、农地、供热、发电、燃油和其他方面。③德国复兴信贷银行可再生能源贷款项目。德国复兴信贷银行在贷款项目号270、271、281、272和282下，为光伏产品、生物质能、沼气、风能、水能、地热和可再生能源提供优惠贷款。2008年，德国复兴信贷银行在全球范围可再生能源部门融资总额3.4亿欧元（不包括大型水电站），成为全球最大的可再生能源融资机构。

三、德国发展新能源产业的经验

通过分析德国支持新能源产业发展的过程，可以总结出以下几个方面的经验：

（一）设立完善的新能源法律体系

德国是欧盟开发、利用新能源和可再生能源的标杆国家，不仅建树颇广，而且在其重视的领域都能达到世界前沿水平。追根溯源，除德国政府的政治决心外，还与德国完善的新能源法律体系有关。

德国的能源立法是从基础做起，从小处做起，凡是能源产业发展所急需的具体法律都会及时出台。当电力和天然气产业在德国出现后，德国便在1935年出台了《电力和燃气供应法》（EnWG）；当1990年风电等新能源和可再生能源发电在德国刚刚起步时，德国就出台了《电力输送法》（StrEG）。如此经年累月立法的结果，使得德国能源法律繁多，基础扎实，且形成了体系。

自2000年德国出台《可再生能源法》，确定可再生能源发展的各项政策激励措施后，可再生能源的发展呈快速增长的趋势，特别是在2004年、2009年、2012年德国政府对《可再生能源法》进行了三次有针对性的修订，可再生能源呈现出跨越式发展的趋势。截至2012年，德国可再生能源产量及其占最终能源消费的比例均较2000年法律颁布初期增加两倍有余（见图1–2与图1–3）。

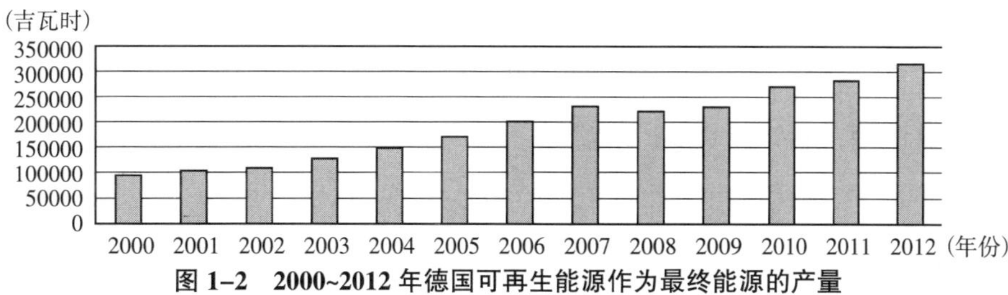

图 1–2　2000~2012 年德国可再生能源作为最终能源的产量

资料来源：同图 1–1。

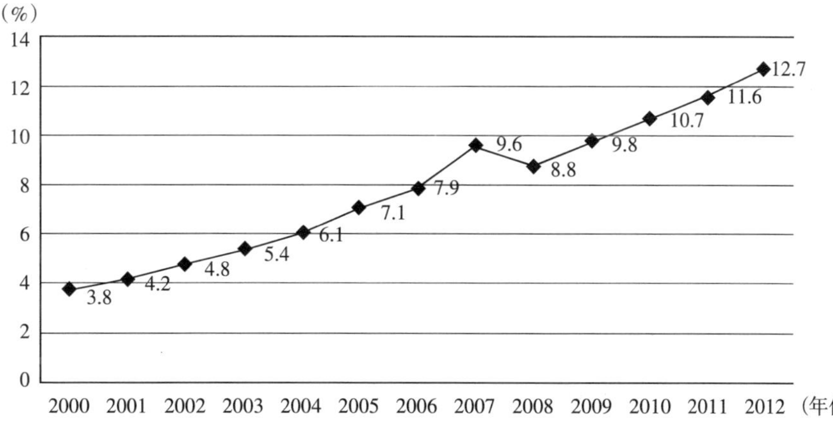

图 1–3　2000~2012 年德国可再生能源占最终能源消费的比例

资料来源：同图 1–1。

（二）制定新能源产业发展战略规划

自 20 世纪 90 年代起，德国政府颁布了一系列新能源产业发展战略规划，明确了新能源产业发展的战略方向与战略目标。

这些新能源产业发展战略规划在很大程度上推动了新能源产业的发展，特别是德国的太阳能发电和风力发电领域取得了突飞猛进的成效。2009 年的数据显示，德国的风电安装能力在 10 年间增长超过 2000%，风电容量由 2875 兆瓦提高至 23903 兆瓦，增长 900%左右；太阳能光伏发电设施增长更是超过 15000%（王海燕，2007）。此外，德国政府在电动汽车的研发上也加大了扶持力度，德国政府批准了总额为 5 亿欧元的电动汽车研发预案，以实现锂电池的产业化，推动电动汽车的快速发展。

（三）出台支持新能源研发的财政政策

德国在新能源领域研发和推广方面的财政资金投入一直处于世界领先水平。德国政府对新能源领域的研发支持表现出投入大、时限长的特点，并且建立了持续资助能源研究的机制。

2005 年，德国政府投入 9800 万欧元支持太阳能、风能等可再生能源的 102 个研发项目，投入超过 10 亿欧元进行气候保护；2008 年，政府投入 23 亿欧元财政资金支持光伏设备安装与高效能风力发电场的建设；2009 年，德国政府投入 5 亿欧元财政资金作为引导资金为电动汽车研发提供支持；2010 年，德国联邦环境部投入 1.2 亿欧元支持可再生能源的研发；2011 年，该项资金增加到 1.28 亿欧元（胡海峰等，2011）。德国联邦教研部还发布了一个资助项目“生物能源 2021——关于生物质能的利用研究”，该项目计划资助规模为 5000 万欧元，资助时间为 5 年。

另外，德国政府还通过补偿与补贴的财政政策支持新能源产业发展。如 2000 年德国颁布的《可再生能源法》（EEG）规定了各种可再生能源发电的补偿标准，如对新能源发电装备进行补偿，补偿期限为 20 年；对新能源发电及发电设备给予补贴。

（四）建立发达的金融体系

虽然德国新能源产业发展的主要推动力量是政府，但金融机构在其发展中的作用也是功不可没。发达的金融体系为新能源领域的技术产业化提供了充足的资金支持。

德国的银行体系是整个金融体系的支柱，主要包括全能银行和专业银行，其中以全能银行为德国银行体系的特色和标志。

德国新能源产业的融资渠道主要为银行，尤其是复兴信贷银行为新能源产业的发展提供了大量的资金（张宪昌，2011）。

（五）合理的价格形成机制

一个产业的健康、快速发展除了需要技术与政策的支持之外，还需要有合理的价格形成机制。德国的电价主要包括批发市场价格、电网并网价格、增值税、碳税、可再生能源附加费等要素。德国为了支持可再生能源等新能源发电产业的发展，于 2000 年开始对新能源发电的使用者征收附加费，由每千瓦时 1 欧分上升到 2015 年的 6.3 欧分，从而提高了新能源发电产业的获利能力。

由以上分析可以总结出德国发展新能源产业的主要经验有：制定完善的促进新能源产业发展的法律体系；通过制定新能源产业发展的战略规划，明确新能源产业发展的战略目标与战略方向；政府与新能源产业技术研发与产业化的资金支持；建立发达的金融体系；合理的价格形成机制；等等。

第二节　美国发展新能源产业的实践分析

一、美国新能源产业发展状况

美国是世界第一大石油消费国，世界上每消费四桶或五桶石油，其中就有一桶是美国消费的，2015 年美国的石油日消耗量超过 2000 万桶。美国拥有世界总数 5%的人口，却消耗着全球 42%的能源，2005 年美国日均净进口原油和成品油数量达到历史最高纪录的 1254.9 万桶[①]。为了摆脱对海外石油的严重依赖

---

① 人民日报. 美国八成能源实现自给　世界能源格局将重新洗牌［EB/OL］. http://news.xinhuanet.com/world/2012-02/10/c_122682928.htm，2012-02-10.

性，美国实施了新的能源政策，大力发展新能源产业。

相关数据显示，2008~2010 年美国新能源产业发展势头迅猛，新能源生产量不断增加，2008 年新能源生产量为 15.73quads、2009 年为 16.09quads、2010 年为 16.48quads。各具体新能源产业的生产量如表 1-4 所示。

表 1-4　2008~2010 年美国新能源生产量

单位：quads

能源类型	2008 年	2009 年	2010 年
太阳能	0.09	0.11	0.11
核能	8.45	8.35	8.44
水力	2.45	2.68	2.51
风能	0.51	0.70	0.92
地热	0.35	0.37	0.21
生物质	3.88	3.88	4.29
小计	15.73	16.09	16.48

注：表中 quads 是 quadrillion BTUs 的缩写，1quads = 2400 百万吨石油。

资料来源：根据美国 Lawrence Livermore 国家实验室公布的相关数据统计得到。

2013 年，由可再生能源发电和核电组成的新能源供应了美国国内 21%的能源产量，满足了美国 18%的一次能源消费；同年，美国风能发电占全国并网总发电的比重上升为 4.1%，风能发电的价格下降了 43%。美国太阳能发电同样增长迅猛，2013 年太阳能发电装机容量占全美新增装机容量的 30%。

美国新能源汽车产业也呈快速增长趋势，2010 年美国新能源汽车销量为 27.5 万辆，2014 年增长至 57.0 万辆，占整体汽车销量的 3.47%。

二、美国支持新能源产业发展的政策措施

美国对新能源产业发展的支持主要是通过经济立法的形式，

一方面在经济立法中明确新能源产业的发展目标，另一方面在经济立法中明确要以财政拨款、补贴和税收等手段促进新能源产业的发展。

（一）出台直接支持新能源产业的法案

美国最早支持新能源产业发展的法案为《1970 年地热蒸汽法案》，后来又陆续出台了《1974 年地热能研究、开发和示范法》和《1980 年地热能法案》。

2010 年 11 月，美国出台了《生物质中长期纲要》，细化了《2007 年国家能源独立与安全法案》有关生物质能源方面的内容，以支持生物质能产业的发展。

（二）能源政策法案中明确支持新能源产业

美国在能源政策法案中详细列示了新能源产业的支持方向与目标，如《1992 年能源政策法案》要求，到 2010 年可再生能源供应量要比 1988 年增加 75%；《2005 年能源政策法案》要求，到 2013 年美国政府电力消费至少要有 7.5%来自可再生能源，到 2012 年每年利用乙醇燃料或生物燃料的数量将达到 7.5×10^{9} 加仑（1 加仑 = 3.785 升）；《2007 年国家能源独立与安全法案》提出，到 2022 年，年产可再生燃料达到 3.6×10^{10} 加仑；2009 年 6 月出台的《清洁能源和安全法案》规定，到 2020 年，美国电力生产比重中至少 15%为太阳能、风能、地热等清洁能源。

《2009 年恢复与再投资法案》（即“经济复兴计划”）中阐述了一些具体的新能源政策、目标、计划，如拨款 500 亿美元用于提高能效和扩大对可再生能源的生产投资，其中，140 亿美元用于可再生能源的项目，45 亿美元用于对风能等可再生能源开发予以减税、发行可再生能源公债等内容。

三、美国发展新能源产业的经验

通过分析美国支持新能源产业发展的过程，可以总结出以下几个方面的经验：

（一）完善的组织保障

首先，美国设立有专门的能源主管部门——美国能源部（Department of Energy，DOE），主要负责制定和实施国家综合能源战略与政策。该部下设 14 个职能部门，有 1 万多名政府雇员。

其次，除能源部外，美国联邦政府内政部下属的矿产管理局、联邦环保署、劳工部及运输部等其他政府部门负责相关的资源管理职责。

这种集中管理、分部门执行的组织结构，为促进新能源产业的发展提供了有力的保障。

（二）积极支持新能源技术创新

首先，创造以新能源为核心的带动就业和相关产业发展的产业模式。吸引私人投资对新能源产业发展的支持，打破了使用新能源的多种“瓶颈”。

其次，加大对新能源产业领域中小企业的支持力度。设立了先进研究工程能源机构（ARPA-E），加大中小企业在新能源产业领域的研发力度。

最后，有重点地支持新能源汽车行业。加大对新能源汽车的投资力度，以期实现新能源对常规能源的强制替代。制订了“先进科技汽车制造贷款计划”（ATVM）（刘东霞，2016），对三大汽车厂商实行直接补贴或提供包括贷款在内的“一揽子”计划，其中贷款额达到了 240 亿美元，以促进汽车厂商加强新能源汽车领域的研发。

（三）充分发挥财政政策的作用

一方面，美国联邦政府投入大量的财政预算资金以支持新能源领域的技术研发。尽管自20世纪80年代以来，美国一直在削减用于能源研发的预算拨款，但太阳能、风能、生物能、地热和水电却一直是美国能源研发投入的重要领域。2006年，美国联邦财政对风能的研发预算提高了27%，太阳能提高了87%，生物能提高了118%。2007年，地热和水电研发预算的增长幅度都超过了150%。2009年，美国再次大幅度提高了对能源研发的预算拨款，直接用于新能源研发的预算拨款达到了190多亿美元。2011年仅美国能源部用于新能源研发的费用就达到24亿美元，其中，太阳能研发3.02亿美元，生物能源研发2.2亿美元，电动汽车技术研发3.25亿美元。

另一方面，美国通过贷款担保与税收抵免的方式支持新能源项目。如伊万帕电站和新月沙丘电站都享受到了美国能源部的贷款担保支持，贷款金额分别为16亿美元和7.37亿美元。此外，这两个项目也都享受到了30%的联邦投资税收抵免（ITC）政策的支持。

此外，美国通过税收返还与补贴的方式从需求端支持新能源产业的发展。如美国联邦政府对安装太阳能的家庭实施30%的税收返还政策，不同地区的州政府对此也有不同幅度的补贴。

由以上分析可以总结出美国发展新能源产业的主要经验有：设立完善的组织结构与管理实施制度；创造以新能源为核心的产业发展模式；积极扶持新能源产业领域的中小企业；重点扶持有技术优势与市场前景的新能源汽车行业；增加对新能源领域研发的政府预算拨款。

第三节 日本发展新能源产业的实践分析

一、日本新能源产业发展状况

日本的新能源种类很多，主要包括太阳能、风能、氢能、生物质能、海洋能和地热能等。经过40年左右的发展，日本新能源产业已经发生了显著的变化，取得了举世瞩目的成就。特别是太阳能与生物质能产业，无论是技术研发方面还是能源利用方面，均位居世界前列。

（一）日本太阳能产业的发展状况

日本对太阳能利用技术的研发始于20世纪70年代。经过30多年的研发实践与技术应用推广，太阳能在日本得到广泛的应用，形成了设备生产、销售和使用的产业体系，产业规模不断扩大，获利能力也快速增加。自2000年以来，日本太阳能产业规模一直居于世界前列。

2000年末，太阳能光伏装机容量达到330兆瓦，占世界太阳能装机容量的50%。2009年，太阳能电池产量高达138.7万千瓦，其中70%以上销往海外，欧美地区是其重要的销售市场。

近年来，日本太阳能光伏装机容量不断增加。表1-5列示了2005~2012年日本太阳能光伏装机容量，8年间的年均增长率达到25.34%。

表1-5 2005~2012年日本太阳能光伏装机容量

单位：兆瓦

年份	2005	2006	2007	2008	2009	2010	2011	2012
装机容量	1422	1709	1919	2144	2627	3618	4914	6914

资料来源：Statistical Review of World Energy 2013 Workbook.

2012 年，日本太阳能光伏装机容量累计达到 6914 兆瓦。预计到 2020 年，日本太阳能发电量将达到 2008 年的 10 倍，2030 年达到 2008 年的 40 倍①。

（二）日本风能产业的发展状况

由于日本得天独厚的地理优势，日本拥有非常丰富的风力资源。从 20 世纪 80 年代初期，日本便开始研发与生产风力发电设备，同时开展了风能的利用。

受益于科技的进步以及日本政府持续对风能研发技术经费的投入，日本在风能发电方面的研发能力越来越强，风能产业规模也在不断扩大。2007 年，日本共建设风力发电站 1409 座，发电能力达到 168 万千瓦，居世界第 18 位。

近年来，日本风电机组装机容量不断增加。2012 年，日本累计安装风电机组容量为 2673 兆瓦。2005~2012 年，日本风电机组容量年均增长率达到 12.68%（见表 1-6）。

表 1-6 2005~2012 年日本风电机组装机容量

单位：兆瓦

年份	2005	2006	2007	2008	2009	2010	2011	2012
风电机组容量	1159	1457	1681	2033	2208	2429	2595	2673

资料来源：Statistical Review of World Energy 2013 Workbook.

（三）日本生物质能产业发展状况

日本是最先提出将生物质能作为新能源的国家之一，并于 2002 年 1 月正式确立发展生物质能。

2003 年 4 月，岩手县建立了第一座牛粪发电场，为当地农户提供电力。2010 年，日本生物质能发电约为 100 亿千瓦时。

① 中国行业研究网. 2012 年日本风力发电量点评分析［EB/OL］. http：//www.chinairn.com/news/20130216/172834800.html，2013-02-16.

2011 年，日本住友林业公司和电力公司共同建立的“用崎生物质能发电公司”投入运营，成为日本最大的生物质能发电公司，其以木质生物质为燃料的发电设备输出功率达到 33000 千瓦。

日本生物质能利用量不断增加，2012 年日本的生物质能使用量达到 5.7 百万吨标准油（见表 1-7）。2000~2012 年，日本生物质能使用量的年均增长率达到 2.58%。

表 1-7　2000~2012 年日本生物质能开发与使用量

单位：百万吨标准油

年份	2000	2005	2010	2011	2012
使用量	4.2	5.7	5.5	5.5	5.7

资料来源：Statistical Review of World Energy 2013 Workbook.

为了降低用户使用生物质能的成本，日本政府投入大量经费用于生物质燃料电池及相关领域技术的研发。如 2008 年投入 13.5 亿日元开发固体氧化物型燃料电池的核心技术，投入 17 亿日元开发制造、运输、储存等相关系统的技术。

为了鼓励用户使用生物质能，日本政府采取用户补助金的方式推广家庭用燃料电池热电联产系统。如对松下公司的家庭用燃料电池热电联产系统的推广，到 2008 年累计有 3000 户家庭安装了此系统。

二、日本支持新能源产业发展的政策措施

日本支持新能源产业发展的政策措施主要有两种：其一，颁布发展新能源产业的法律；其二，制订并落实新能源产业发展计划。

（一）颁布发展新能源产业的法律

早期日本支持新能源产业发展的政策散落于多个能源法律之中，如 1951 年出台的《热管理法》，要求社会各界充分利用各

种热能资源；1979 年颁布的《节约能源法》，明确提出要节约使用化石能源，不断增加新能源的使用比例；1980 年实施的《替代石油能源法》，要求加大新能源的开发力度，减少石油的使用量。

1997 年，日本颁布了直接扶持新能源产业发展的法律《新能源法》，提出要通过多种途径促进新能源的利用与产业化。为了保障发展新能源产业有充足的配套产品与基础设施，2003 年又出台了《电力设施利用新能源特别措施法》。

同时，日本对相关能源的法律做了修订，以法律的形式明确支持新能源的研发。如修订了《促进资源有效利用法》与《节约能源法》，不仅要求提高能源的利用效率，而且要求扩大新能源领域的研发与应用范围。

（二）制订并落实新能源产业发展计划

在支持新能源研发方面，日本政府先后出台了三项计划。具体为：1974 年，日本政府公布了“新能源技术开发计划”即“阳光计划”，投入大量的人力、物力和财力开展太阳能利用方面的研究；1978 年，日本政府将“阳光计划”做了进一步的具体化，提出并实施了“月光计划”；1993 年，出台了“新阳光计划”，进一步推动了太阳能的研发与利用。

在支持新能源产业化方面，日本政府确定了发展大纲、远景构想以及发展战略等。1994 年，日本政府公布了“新能源发展大纲”，确定了新能源发展的中长期目标及相应的实施计划。

2004 年 6 月，日本通产省公布了《新能源产业化远景构想》，该构想是新能源产业化发展的远期战略计划。主要内容为：2010 年燃料电池产业的市场规模要达到 8 万亿日元，成为日本的支柱产业；2030 年以前，太阳能和风能发电等新能源产业要发展成为产值达 3 万亿日元的基础产业，能源消耗中新能源的比重上升到 20%左右。2006 年 5 月，日本政府确立了《新国家能源战略》，提出要大力发展新能源产业，降低对石油的依赖。

2007 年 4 月，日本政府提出原子能立国战略，提出要大力开发与利用核能，并计划到 2020 年增加 16~18 个新型轻水核反应堆。2008 年 3 月，日本经济产业省资源能源厅制订了《原子能政策的课题和对应——原子能立国计划》。该计划进一步丰富和完善了《新国家能源战略》中关于原子能立国的战略构想，计划中明确未来以新一代核技术为重点研发领域，同时也提出了未来要不断提高核能利用在日本能源利用中的比重。

三、日本发展新能源产业的经验

通过分析日本支持新能源产业发展的过程，可以总结出以下几个方面的经验：

（一）形成了“自上而下”的政府推动产业发展模式

第一，政府出台了一系列的法律法规，支持新能源利用与产业发展。以法律为基石，不仅规定了企业和公民在新能源开发利用方面所应当承担的责任与义务，而且强制企业采用新能源来进行日常的生产。

第二，政府公共部门不仅投资建设新能源基础设施，而且带头使用新能源产品。如 2011 年日本政府拟于福岛县近海建立的海上风力发电站，总输出功率可达 460 万千瓦；在建设前期，日本政府计划投资 100 亿~200 亿日元建设 6 座输出功率为 5000 千瓦的海上风车用于验证实验，用 5 年的时间建成配套设施，并计划于 2020 年扩大至 40 万千瓦，相当于 1/3 座核反应堆的发电量①。国家机关、地方公共团体带头采购太阳能发电系统和利

---

① 新华网. 日本拟在福岛近海建浮体式风力发电站［EB/OL］. http：//news.xinhuanet.com/energy/2011-09/14/c_122031445.htm. 2011-09-14.

用太阳能的热水器系统，在公共设施建设方面，也尽量使用太阳能发电系统与新能源汽车。

第三，政府通过政策导向和税收优惠引导新能源的研发与使用。不断加强对环境污染小的新能源的开发，同时鼓励企业通过科技研发减少对环境污染严重的传统能源的使用，发展节能事业；日本经济产业省出台了针对安装太阳能发电设备的用户的补贴制度；政府每年向从事新能源事业的公司发放奖励性补助金，2003 年总计发放 393 亿日元，向从事新能源事业的非营利组织提供 1.1 亿日元，向地方公共团体发放专项补助金 2.33 亿日元。

第四，通过舆论、补助的方式引导民众使用新能源及相关产品。利用舆论对民众进行宣传教育，增强民众的环保意识，将节能与环保理念渗透到民众的日常生活之中，使其认识到发展新能源产业的重要性和必要性；大力支持太阳能发电系统住宅，使太阳能发电装置成本大幅下降，为家庭广泛使用太阳能发电扫清障碍；为鼓励国民使用新型能源，除向生产企业发放补贴令其降低设备价格外，还以 1 千瓦新能源能耗补贴 9 万日元为标准，直接补助用户家庭，仅 2003 年总计发放了 132 亿日元。

（二）重视新能源技术研发

首先，成立了专门的新能源研发部门。为了降低新能源的应用成本，扩大新能源技术的应用范围，日本政府设立了多家专门从事新能源技术研发的公立研发部门，如新能源产业综合开发机构。

其次，多种渠道为新能源技术研发提供资金支持。一方面，政府每年投入大笔财政资金，支持新能源技术的研发与小试；另一方面，鼓励设立专门为新能源技术领域技术研发提供资金支持的金融机构，如新能源财团。

（三）积极倡导官民合作、企业合作

日本政府非常重视合作在新能源技术领域的作用。一方面，倡导企业开展密切的研发合作，如夏普、三洋等企业合作研发新型的太阳能电池；另一方面，倡导民间资本进入新能源技术领域，如 2013 年度采取官民联合方式扩大风力发电电网（冶红英，2015）。

由以上分析可以总结出日本发展新能源产业的主要经验：政府主导，采取鼓励的方式支持新能源产业的发展；政府与公共服务组织率先使用新能源产品；通过成立专门的新能源研发部门和专门支持新能源领域技术研发的金融机构、政府资金投入等方式扶持新能源领域的技术研发；积极倡导官民合作、企业合作。

第二章　我国及国内典型市县发展新能源产业的实践分析

本章分别分析了我国及国内几个典型市县新能源产业发展状况与支持政策，从而总结发展新能源产业的相关实践经验。

第一节　我国发展新能源产业的实践分析

虽然我国新能源产业起步较晚，但近年来国家出台了许多促进新能源产业发展的政策措施，总结这些政策措施可以为区域出台促进新能源产业发展的政策提供可参考的依据。

一、我国新能源产业的发展状况

整体来看，我国新能源产业处于成长期，企业规模小、数量多，实现了产品规模化生产，新能源产业链和产业集群初步形成。

2014 年全国发电量 56438 亿千瓦时，其中，火电发电量 41731 亿千瓦时，占全国发电量的 75.2%，比上年降低 3.3 个百分点；水能、风能、核能、太阳能等非化石能源发电量为 14707

亿千瓦时，同比增长 3.3%，占全国发电量的 24.8%。[①]

截至 2015 年底，全国发电装机容量达到 15.3 亿千瓦，其中，水电 3.2 亿千瓦，占 21.1%；火电 9.93 亿千瓦，占 64.9%；风电 1.31 亿千瓦，占 8.56%；太阳能发电 0.42 亿千瓦，占 2.74%；核电 0.27 亿千瓦，占 1.76%；生物质能发电 0.13 亿千瓦，占 0.85%。[②]

（一）太阳能产业发展状况[③]

我国绝大部分地区处于温带和亚热带区域，具有较为丰富的太阳能资源，各地太阳辐射年平均量为 $3.35 \times 10^3 \sim 8.40 \times 10^3$ MJ/m^2。我国在太阳能利用方面主要包括太阳能热利用和光伏发电。

我国光伏发电始于 20 世纪 70 年代，经过 30 多年的发展，我国光伏发电产业取得了长足进步。“十二五”时期，国务院发布了《关于促进光伏产业健康发展的若干意见》（国发〔2013〕24 号），光伏产业政策体系逐步完善，光伏技术取得显著进步，市场规模快速扩大。太阳能热发电技术和装备实现突破，首座商业化运营的电站投入运行，产业链初步建立。太阳能热利用持续稳定发展，并向供暖、制冷及工农业供热等领域扩展。

（1）光伏发电规模快速扩大，市场应用逐步多元化。全国光伏发电累计装机从 2010 年的 86 万千瓦增长到 2015 年的 4318 万千瓦，2015 年新增装机 1513 万千瓦，累计装机和年度新增装机均居全球首位。光伏发电应用逐渐形成东中西部共同发展、集中式和分布式并举的格局。光伏发电与农业、养殖业、生态治理等各种产业融合发展模式不断创新，已进入多元化、规模化

---

① 中国电力报. 2014 年水电发电量破 1 万亿千瓦时　火电首下降［EB/OL］. http：//www.china5e.com/news/news-897152-1.html，2015-02-05.

②数据来自国家能源局发布的《电力发展“十三五”规划》。

③ 本部分内容参考国家能源局发布的《太阳能发展“十三五”规划》。

发展的新阶段。

（2）光伏制造产业化水平不断提高，国际竞争力继续巩固和增强。“十二五”时期，我国光伏制造规模复合增长率超过33%，年产值达到3000亿元，创造就业岗位近170万个，光伏产业表现出强大的发展新动能。2015年多晶硅产量16.5万吨，占全球市场份额的48%；光伏组件产量4600万千瓦，占全球市场份额的70%。光伏制造的大部分关键设备已实现本土化并逐步推行智能制造，在世界上处于领先水平。

（3）光伏发电技术进步迅速，成本和价格不断下降。我国企业已掌握万吨级改良西门子法多晶硅生产工艺，流化床法多晶硅开始产业化生产。

先进企业多晶硅生产平均综合电耗已降至80千瓦时/千克，生产成本降至10美元/千克以下，全面实现四氯化硅闭环工艺和无污染排放。单晶硅和多晶硅电池转换效率平均分别达到19.5%和18.3%，均处于全球领先水平，并以年均0.4个百分点的速度持续提高，多晶硅材料、光伏电池及组件成本均有显著下降，光伏电站系统成本降至7元/瓦左右，光伏发电成本“十二五”期间总体降幅超过60%。

（4）太阳能热发电实现较大突破，初步具备产业化发展基础。“十二五”时期，我国太阳能热发电技术和装备实现较大突破。八达岭1兆瓦太阳能热发电技术及系统示范工程于2012年建成，首座商业化运营的1万千瓦塔式太阳能热发电机组于2013年投运。我国在太阳能热发电的理论研究、技术开发、设备研制和工程建设运行方面积累了一定的经验，产业链初步形成，具备一定的产业化能力。

（5）太阳能热利用规模持续扩大，应用范围不断拓展。太阳能热利用行业形成了材料、产品、工艺、装备和制造全产业链，截至 2015 年底，全国太阳能集热面积保有量达到 4.4 亿平方米，年生产能力和应用规模均占全球 70%以上，多年保持全球太阳能热利用产品制造和应用规模最大国家的地位。太阳能供热、制冷及工农业等领域应用技术取得突破，应用范围由生活热水向多元化生产领域扩展。

（二）风能发电产业发展状况①

风电是我国近年来发展最快的新能源，风电已超过核电，成为仅次于煤电和水电的第三大电源。从发电量来看，2008~2013 年风能发电量由 110 亿千瓦时增加到 1500 亿千瓦时，风能发电量占总发电量的比重由 0.5%增长至 2.5%。

从风电并网装机容量来看，截至 2015 年底，全国风电并网装机达到 1.29 亿千瓦，年发电量 1863 亿千瓦时，占全国总发电量的 3.3%，比 2010 年提高 2.1 个百分点。

2013 年全国风电新增装机容量 1608.9 万千瓦，与 2012 年相比增加 313 万千瓦。2013 年全国累计风电装机容量达到 9141.3 万千瓦（见图 2–1），风电累计装机最多的省区依次是内蒙古（2027 万千瓦）、河北（850 万千瓦）、甘肃（710 万千瓦）和山东（约 700 万千瓦）。②

2014 年，我国风电产业继续保持强劲增长势头，全年风电新增装机容量 1981 万千瓦，累计装机容量达到 9581 万千瓦，创历史新高。

“十二五”期间，我国风电新增装机容量连续 5 年领跑全球，累计新增 9800 万千瓦，占同期全国新增装机总量的 18%，在电源结构中的比重逐年提高。

① 本部分内容参考国家能源局发布的《风电发展“十三五”规划》。
② 资料来源：《2014 年中国风电发展报告》。

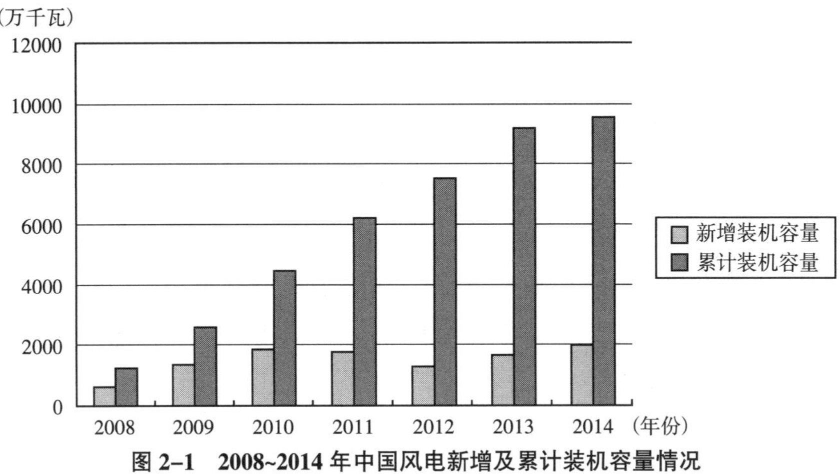

图 2-1　2008~2014 年中国风电新增及累计装机容量情况

在风电技术研发领域，我国已经能够研制 5 兆瓦以上的大功率风电机组。其中，华锐风电的 5 兆瓦机组和 6 兆瓦机组、联合动力的 6 兆瓦机组、东汽的 5.5 兆瓦机组已经投入试运行。

形成了风电整机及叶片、齿轮箱、发电机、控制器、变流器等关键零部件比较完整的风电装备制造体系。

攻克了千瓦风电汇集系统无功电压管控关键技术难题，逐步提高了低电压穿越技术能力，初步建立了大型风电机组标准、检测和认证体系。风电机组高海拔、低温、冰冻等特殊环境的适应性和并网友好性显著提升，低风速风电开发的技术经济性明显增强。

风电全产业链基本实现国产化，产业集中度不断提高，多家企业跻身全球前 10 名。风电设备的技术水平和可靠性不断提高，基本达到世界先进水平，在满足国内市场需求的同时出口到 28 个国家和地区。

（三）生物质能产业发展状况[①]

我国拥有丰富的生物质能资源，可作为能源利用的农作物秸秆及农产品加工剩余物、林业剩余物和能源作物、生活垃圾与有机废弃物等生物质资源总量每年约4.6亿吨标准煤。目前，我国生物质发电和液体燃料产业已形成一定规模，生物质成型燃料、生物天然气等产业已起步，并呈现良好发展势头。

（1）生物质发电。2006~2010年，我国生物质能发电的总装机规模与产业投资额均显著增加，其中，总装机规模从2006年的140万千瓦增加到2010年的550万千瓦，年均增长率达到40.79%；产业投资额由2006年的168亿元增加到2010年的663亿元，年均增长率为40.95%（见表2-1）。

表2-1 2006~2010年生物质能发电产业规模

年份	总装机规模（万千瓦）	总装机规模增长率（%）	投资总额（亿元）	投资总额增长率（%）
2006	140	—	168	—
2007	220	57.14	256	52.38
2008	315	43.18	347	35.55
2009	430	36.51	452	30.26
2010	550	29.92	663	46.73

资料来源：倪上.天津市新能源产业集群发展研究［D］.天津师范大学硕士学位论文，2012.

截至2015年，我国生物质发电总装机容量约1030万千瓦，其中，农林生物质直燃发电约530万千瓦，垃圾焚烧发电约470万千瓦，沼气发电约30万千瓦，年发电量约520亿千瓦时，生物质发电技术基本成熟。

（2）生物质成型燃料。截至2015年，生物质成型燃料年利用量约800万吨，主要用于城镇供暖和工业供热等领域。生物

① 本部分内容参考国家能源局发布的《生物质能发展“十三五”规划》。

质成型燃料供热产业处于规模化发展初期，成型燃料机械制造、专用锅炉制造、燃料燃烧等技术日益成熟，具备规模化、产业化发展基础。

（3）生物质燃气。截至 2015 年，全国沼气理论年产量约 190 亿立方米，其中户用沼气理论年产量约 140 亿立方米，规模化沼气工程约 10 万处，年产气量约 50 亿立方米，沼气正处于转型升级的关键阶段。

（4）生物液体燃料。截至 2015 年，燃料乙醇年产量约 210 万吨，生物柴油年产量约 80 万吨。生物柴油处于产业发展初期，纤维素燃料乙醇加快示范，我国自主研发生物航煤成功应用于商业化载客飞行示范。

二、我国支持新能源产业发展的政策措施

基于新能源产业的经济生态价值和战略意义，我国政府制定了一系列支持新能源产业发展的规划与政策措施。

（一）颁布发展新能源产业的法律规划

1995 年，国家计委、国家科委、国家经贸委制定《1996~2010 年新能源和可再生能源发展纲要》，明确了要按照社会主义市场经济的要求，加快新能源和可再生能源的发展与产业建设步伐。

2000 年，国家经贸委资源节约与综合利用司颁布《2000~2015 年新能源和可再生能源产业发展规划》，系统地分析了中国新能源和可再生能源产业化发展的基础、市场开发的潜力、预期效益、制约因素与存在的问题。

2005 年，全国人大常务委员会第十四次会议通过并颁布了《中华人民共和国可再生能源法》。2009 年 8 月出台的《可再生能源法修正案（草案）》中提出可再生能源发电将全面获得政府财

政补贴；通过国家财政年度安排专项资金和征收可再生能源电价附加等方式，设立可再生能源发展基金；细化了可再生能源发电全额保障性收购制度。

在《可再生能源法》的基础上，国务院于2013年发布《关于促进光伏产业健康发展的若干意见》，进一步从价格、补贴、税收、并网等多个层面明确了光伏发电的政策框架，地方政府也相继制定了支持光伏发电应用的政策措施。

2013年，国务院办公厅出台了《关于加快发展节能环保产业的意见》，要求加快新能源汽车技术攻关和示范推广工作。

从支持风电产业发展的政策来看，2010~2015年，出台了风电项目开发、建设、并网、运行管理及信息监管等各关键环节的管理规定和技术要求，简化了风电开发建设管理流程，完善了风电技术标准体系，开展了风电设备整机及关键零部件型式认证，建立了风电产业信息监测和评价体系。

（二）出台技术政策引导新能源技术研发

技术政策主要是指国家采取规划、指南、计划等形式引导新能源产业技术的研发方向。我国出台了许多技术政策来引导新能源技术领域的研发方向，如1998年国务院批准的《当前国家重点鼓励发展的产业、产品和技术目录》和《外商投资产业指导目录》中，把太阳能、地热能、海洋能、生物质能发电和大型风力机列入了鼓励发展的产业与产品。

《国家中长期科学和技术发展规划纲要（2006~2020年）》中明确指出，要重点开发和研究太阳能电池的相关材料及其关键技术，不断提升燃料电池关键材料和技术、高容量储氢材料及技术、高效二次电池材料及技术，发展高效能量转换与储能材料体系。

《当前优先发展的高技术产业化重点领域指南（2007）》把

“高效率、低成本的太阳能光伏电池，新型太阳能电池及制造装备，中、高温太阳能发电技术与设备，数兆瓦或数十兆瓦级大规模太阳能高温热发电系统，兆瓦级光伏太阳能并网发电系统”列为高技术产业化优先发展的重点。

《高技术产业化“十一五”规划》中明确指出，新能源专项要着力发展非晶薄膜太阳能电池、多晶薄膜太阳能电池等新型电池。

《可再生能源产业发展指导目录》第二项第四十条指出，“非晶/微晶硅薄膜太阳能电池”是重点发展的领域。

另外，国家通过“乘风计划”、“国家科技攻关计划”、“863 计划”等国家项目，引导、鼓励风电技术、风电装备制造技术的引进与自主创新活动。

（三）实施扶持新能源产业发展的财税政策

我国扶持新能源产业发展的财税政策包括财政政策与税收政策。

（1）财政政策。扶持新能源产业发展的财政政策主要有：实施研发投入与示范补助、设立专项资金、推行电价优惠及上网补贴、施行项目补贴与贷款贴息、创立产业投资基金。

①实施研发投入与示范补助。自 20 世纪 90 年代以来，我国开始对新能源领域的研发活动实施财政资金支持，为各级新能源与可再生能源科研机构提供行政管理费、全部或部分科研经费；为重点科技攻关项目和培训提供财政经费支持；为新能源项目实施补贴。

②设立专项资金。从 2006 年起，我国设立了可再生能源发展专项资金，由中央财政预算安排，用于支持可再生能源开发利用。同时，出台《可再生能源发展专项资金管理暂行办法》，明确了专项资金主要资助的范围，具体包括：可再生能源开发

利用的科学研究、标准制定和示范工程；农村、特区生活用能的可再生能源利用项目；可再生能源勘测、评价和信息系统建设；促进可再生能源设备的本地化。

③推行电价优惠及上网补贴。1994 年电力工业部出台了《风力发电场并网运行管理规定》，要求电网允许风电场就近上网，并收购其全部电量；风电上网电价按还本付息成本加合理利润的原则确定，高于电网平均电价的部分由全网分摊。2006 年国家发展改革委员会颁布了《可再生能源发电价格和费用分摊管理试行办法》，详细规定了各类可再生能源上网电价制定办法。

2007 年电监会发布《电网企业全额收购可再生能源电量监管办法》，规定可再生能源电量将由电网企业全额收购，除大中型水电外，可再生能源发电机组不参与竞价上网，实行高电价和差额补贴电价政策。

④施行项目补贴与贷款贴息。通过户用沼气系统、小水电、小风电机和光伏发电示范推广工作等渠道，对可再生能源技术研发与市场化活动施行项目补贴和贷款贴息。1987 年，建立了农村能源专项贷款，主要用于大中型沼气工程、太阳能热利用和风力发电技术的推广应用。1999 年，原国家计委、科技部颁布了《关于进一步支持新能源与可再生能源发展有关问题的通知》，对新能源和可再生能源项目的基建贷款给予 2%的财政贴息，对采用本地化制造设备的项目给予 5%的投资利润率优惠。

自 2006 年 1 月 1 日起，中央财政对可再生能源开发利用的科学技术研究、应用示范和产业化发展给予补贴。2006 年 5 月，《可再生能源发展专项资金管理暂行办法》印发，中央财政设立专项资金，采取无偿补助和贷款贴息两种措施重点扶持潜力大、前景好的石油替代，建筑物供热、采暖和制冷，以及发电等可再生能源的开发利用。

⑤创立产业投资基金。设立国家新兴产业创业投资引导基金，主要用于新能源等新兴产业的创业与创新活动，采取中央财政、地方财政和市场募集相结合的方式，吸引有实力的企业、大型金融机构等社会、民间资本参与，委托基金管理公司管理并定期核算投资收益。

2008 年，为加快我国风电装备制造业技术进步，促进风电产业发展，中央财政安排专项资金支持风力发电设备产业化。2009 年，“太阳能屋顶计划”实施，中央财政安排专门资金对光电建筑应用示范工程予以补助，对光电应用的初始投入予以支持。为了加快国内光伏发电的产业化和规模化发展，以促进光伏发电技术进步，2009 年《金太阳示范工程财政补助资金管理暂行办法》印发，鼓励列入金太阳示范工程的项目采取财政补助、科技支持和市场拉动的运营模式。

（2）税收政策。扶持新能源产业发展的税收政策主要有：增值税优惠、减免关税与所得税优惠。

①增值税优惠。我国对部分可再生能源产品给予增值税优惠，如人工沼气等生物质能的增值税按 13%计征，小水电按 6%计征，风力发电按 8.5%计征。财政部、国家税务总局规定自 2004 年 1 月起，对风力发电及煤矸石、煤泥、煤系伴生油母页岩等综合利用发电实行增值税减半征收；对生物质能的垃圾发电、部分大型水电企业实施增值税退税。自 2005 年起，对国家批准的定点企业生产销售的变性燃料乙醇实行增值税先征后退。2008 年 12 月，《关于资源综合利用及其他产品增值税政策的通知》出台，规定对利用风力生产电力实现的增值税实行即征即退 50%的政策，对销售自产的综合利用生物柴油实行增值税先征后退的政策。

②减免关税。1996 年国家规定风力发电设备进口关税税率

为 12%，零部件为 3%，发电机组为 6%。对符合《当前国家重点鼓励发展的产业、产品和技术目录》的国内可再生能源设备项目，在投资总额内进口的自用设备免征进口关税和进口环节增值税。1997 年颁布的《国务院关于调整进口设备税收政策的通知》（国发〔1997〕37 号）明确了核能、太阳能、风能、磁能、地热能、潮汐能、生物质能等新能源电站的建设和经营用设备免征关税与进口环节增值税。

为了鼓励新能源领域的自主创新与提高产品的国产化水平，2013 年财政部、工业和信息化部、海关总署、国家税务总局发布《关于调整重大技术装备进口税收政策有关目录的通知》（财关税〔2013〕14 号），提出对生产太阳能电池设备而确有必要进口的部分关键零部件、原材料免征关税和进口环节增值税。

③所得税优惠。国家对新能源产业的所得税优惠根据不同地区、不同产品实施相应的优惠措施，如企业以“三废”等废弃物为主要原料生产的产品可在 5 年内减征或免征所得税，对利用可再生能源的企业实行加速折旧、投资抵免等优惠。

2008 年 9 月，财政部、国家税务总局出台《关于执行资源综合利用企业所得税优惠目录有关问题的通知》，指出企业自 2008 年 1 月 1 日起以《资源综合利用企业所得税优惠目录》（以下简称《目录》）中所列资源为主要原材料，生产《目录》内符合国家或行业相关标准的产品取得的收入，在计算应纳税所得额时，减按 90%计入当年收入总额。

（四）推行扶持新能源产业发展所需要的相关配套政策

新能源产业发展所需要的相关配套政策主要包括人才政策、融资政策、中介服务政策以及推进市场环境建设等。

（1）人才政策。国家支持新能源产业发展的人才政策主要体现在 2010 年 10 月 10 日国务院下发的《关于加快培育和发展战

略性新兴产业的决定》之中。在该决定中，主要涉及了产业界与科学界的人才流动政策、完善多种形式的人才激励机制、激励科研人员的发明创造活动、吸引海外创意人才、设立新兴专业教育等。

（2）融资政策。国家支持新能源产业发展的融资政策有：鼓励金融机构加大信贷支持、积极发挥多层次资本市场的融资功能、大力发展创业投资和股权投资基金。

①鼓励金融机构加大信贷支持。引导金融机构建立适应战略性新兴产业特点的信贷管理和贷款评审制度。积极推进知识产权质押融资、产业链融资等金融产品创新。加快建立包括财政出资和社会资金投入在内的多层次担保体系。积极发展中小金融机构和新型金融服务。综合运用风险补偿等财政优惠政策，促进金融机构加大支持战略性新兴产业发展的力度。如 2013 年 8 月 22 日，中国国家能源局联合中国国家开发银行股份有限公司出台了《支持分布式光伏发电金融服务的意见》，提出：国家开发银行积极为各类分布式光伏发电项目投资主体提供信贷支持，以提供中长期贷款为主、短期贷款和流动资金贷款为辅，贷款期限最长可达 15 年，可实行差异化定价；除了国家开发银行之外，还有其他商业银行参与提供贷款。

②积极发挥多层次资本市场的融资功能。进一步完善创业板市场制度，支持符合条件的企业上市融资；推进场外证券交易市场的建设，满足处于不同发展阶段的创业企业的需求；完善不同层次市场之间的转板机制，逐步实现各层次市场间的有机衔接；大力发展债券市场，扩大中小企业集合债券和集合票据的发行规模，积极探索开发低信用等级高收益债券和私募可转债等金融产品，稳步推进企业债券、公司债券、短期融资券和中期票据发展，拓宽企业债务融资渠道。

③大力发展创业投资和股权投资基金。建立和完善促进创业投资和股权投资行业健康发展的配套政策体系与监管体系；在风险可控的范围内为保险公司、社保基金、企业年金管理机构和其他机构投资者参与新兴产业创业投资与股权投资基金创造条件；发挥政府新兴产业创业投资资金的引导作用，扩大政府新兴产业创业投资规模，充分运用市场机制，带动社会资金投向战略性新兴产业中处于创业早中期阶段的创新型企业；鼓励民间资本投资战略性新兴产业。

（3）中介服务政策。国家支持新能源产业发展的中介服务政策有：发挥知识密集型服务业的支撑作用、支持市场拓展和商业模式创新。

①发挥知识密集型服务业的支撑作用。大力发展研发服务、信息服务、创业服务、技术交易、知识产权和科技成果转化等高技术服务业，着力培育新业态。积极发展人力资源服务、投资和管理咨询等商务服务业，加快发展现代物流和环境服务业。

②支持市场拓展和商业模式创新。鼓励绿色消费、循环消费、信息消费，创新消费模式，促进消费结构升级；扩大终端用能产品能效标识实施范围；加强新能源并网及储能、支线航空与通用航空、新能源汽车等领域的市场配套基础设施建设；在物联网、节能环保服务、新能源应用、信息服务、新能源汽车推广等领域，支持企业大力发展有利于扩大市场需求的专业服务、增值服务等新业态；积极推行合同能源管理、现代废旧商品回收利用等新型商业模式。

（4）推进市场环境建设。在市场环境建设方面主要采取完善标准体系和市场准入制度等措施。

①优化市场准入的审批管理程序。如为了落实光伏并网问题，国家电网进一步规范和简化并网程序，完善相关技术标准

和管理制度，及时为项目单位提供并网服务，并落实示范项目自发自用政策，对富余电量按国家核定的当地脱硫燃煤机组标杆上网电价实行全额收购。

实行“风电特许权制度”，按特许权的方式建设风电场，规定项目建设规模为 100 吉瓦级，单机容量不得低于 600 千瓦，中标者的风机设备国产化率应达到一定标准，经营期的电价政策执行两段制。当风电机组累计发电利用时间在 3 万小时以下时，执行投标书中规定的电价；时间达到 3 万小时及以上的，执行当时电力市场的平均上网电价。

②加快建立有利于战略性新兴产业发展的行业标准和重要产品技术标准体系。如完善新能源汽车的项目和产品准入标准；颁布风电行业标准体系，包括风电场施工与安装、风电场并网管理技术、风电场规划设计、风电场运行维护管理、风电机械设备、风电电器设备六大类行业标准。

第二节　国内典型市县发展新能源产业的实践分析

近年来，我国新能源产业发展越来越呈现地域集聚的特征。许多市县凭借其独特的区位优势、先天的自然资源以及有效的支持政策，逐步发展并壮大了具有区域特色的新能源产业，如天津聚集了众多世界知名风电设备制造商，风电设备生产量占全国的 30%，是国内最大的风力发电设备生产基地之一；四川双流因新能源产业对县域经济的独特贡献而被称为“中国新能源百强县状元”；江西新余成功实现了由炼钢向太阳能利用的转型，被称为“太阳能之城”；河北保定凭借其卓越的发电能力被称为“中国电谷”。以下分别分析这几个市县新的能源产业发展状况及其在发展新能源产业过程中所采取的有效措施。

一、天津——世界知名风电装备制造企业的聚集地①

（一）天津风电产业发展状况

2015年天津风电产业累计并网装机容量达到29万千瓦，风电发电量6亿千瓦时，风电累计核准容量82万千瓦，同比增加34.85万千瓦，累计在建容量53万千瓦，同比增加34.4万千瓦②。天津滨海高新区聚集约40家风电整机和零部件厂商，仅风电产业就可实现产值300亿~450亿元，占全国市场份额的25%~30%，整个天津市的绿色能源产值将达到3400亿元③。

天津风电装备制造产业发展的特点是外资企业集中，如西门子电气传动、维斯塔斯、苏司兰、歌美飒、弗兰德、汉森、LM、SGS等行业领先的风能整机及配套企业在天津高新区与开发区内进行了项目投资（见表2-2）。这些企业中大约70%具备了较强的技术开发能力，如全球最大的风电设备制造商维斯塔斯拥有世界领先的风机研发、制造、销售、维护技术；西班牙歌美飒公司和印度苏司兰能源公司等也是世界一流的风电企业；鑫茂鑫风等以风机叶片为研发重点；明阳等则从事电机、电器控制等方面的自主研发④。

---

① 杨帆，柴艺娜. 新能源装备制造产业集群化发展战略［M］. 兰州：兰州大学出版社，2012.

② 2015年天津市风电产业大数据统计分析［EB/OL］. http：//www.askci.com/news/chanye/20160415/177599940.shtml，2016-04-15.

③④ 滨海新区风电产业迈向“成熟期”［EB/OL］. http：//www.tstc.gov.cn/xinwen/qxkj/201501/t20150130_75608.html，2015-01-30.

表 2-2　国外知名风电装备制造企业在天津的主要投资项目

企业名称	项目建设年份	项目简介
LM	2001	为中国和亚太地区市场提供风机叶片
苏司兰	2006	是印度在华最大的投资项目，主要生产和组装风电机组整机，年产量 800 兆瓦
维斯塔斯	2006	年产 1200 支 2 兆瓦风电机组叶片，供应中国以及其他亚洲市场
歌美飒	2006	年产 700 兆瓦风电机组
西门子电气传动	2011	生产高铁项目辅助输出电源、光能装置、大型电机和大功率风力发电机等方面的产品
德意志银行	2011	支持清洁能源、环境资源管理、能源和材料效率等方面的投资

同时，天津已集聚了包括风电场开发商、风电整机制造商、风电零部件厂商与风电服务机构在内的上百家企业，形成了完善的风电产业链。

（二）天津风电产业发展的经验分析

在短时间内，天津汇集了一大批集研发、生产于一体的国内外知名风电装备制造企业，并初步形成了产业集群。具体来看，其成功经验有：

（1）工业基础雄厚。天津作为中国北方重要的工业城市，雄厚的机电工业实力为风电设备制造业发展夯实了基础。

（2）交通便利。天津港作为世界第五大港口，契合风电装备大型化趋势对海运和临港制造的要求。临港经济区作为围海造地而成的港口与工业一体化产业区，为就地进行风机零部件制造、整机装配、设备出口提供了便利。

（3）区位优势。天津滨海新区正好位于中国华北、西北和东北三大区域的接合部，辐射“三北”风电市场，为风电设备企业开拓市场创造了良好条件。

（4）政策支持。天津为风电产业升级提供了强有力的政策保障。如依托优势教育资源，加大风电产业人才的培养力度；积极引进国内外风电科研、检测和认证机构；不断完善风电设备营销和物流体系等。

二、四川双流——中国新能源百强县状元

双流县是成都向西南发展的轴心区域，全境处于成都半小时经济圈，也是成都市新能源产业发展的主导产业区。双流县2009~2013年连续5年名列中国新能源产业百强县榜首；2013年在全国县域经济竞争力排名中，双流县跃至全国第15位；2014年在全国百强县排名中居第15位；2015年，双流县规模以上工业实现总产值1123亿元。

（一）双流新能源产业发展状况

截至2010年7月，双流已成功引进天威新能源、中光电阿波罗、汉能控股、中国核动力研究设计院、新光硅业、东旭集团等新能源重大项目26个，协议总投资634.9亿元。

2010年，双流新能源产业实现工业增加值47.7亿元，增长159%；主营业务收入138.4亿元，增长111%；完成投资97亿元；实际使用外资2494万美元。

截至2014年8月，双流境内规划的30平方公里成都新能源产业功能区已开发建设23.7平方公里，累计引进亿元以上新能源项目70个，协议总投资805亿元。初步形成以天威新能源、汉能光伏为龙头，以禅德太阳能、旭双太阳能等为骨干，以正洁科技砂浆回收等为配套的太阳能产业集群；以中国核动力研究院、核工业西南物理研究院等科研院所为依托，以川开集团、瑞迪机械等为代表的民用核能产业集群；以成都佳电等为代表的风能产业集群；以国舰新能源等为代表的动力与储能电池产业集群。该功能区已成为国内技术路线最多、研发平台最高、

产业链条最长、发展潜力最大的新能源产业基地①。

双流县重点发展的新能源产业技术领域有：

（1）晶体硅太阳能电池。一些企业已形成从多晶硅、铸锭、切片、电池片、组件到系统集成的完整晶体硅太阳能电池产业链，如天威新能源。还有一些是投产的晶体硅太阳能电池项目，如成都光电 30 兆瓦单晶硅电池片项目、四川新光 2310 万片单晶硅圆片项目。另有一些是属于在建的晶体硅太阳能电池项目，如恒基伟业首期 160 兆瓦（总 800 兆瓦）超薄晶体硅太阳能电池、天威新能源三期单晶硅片 500 兆瓦、多晶硅片 500 兆瓦、电池片 1000 兆瓦、通威太阳能双流 5 吉瓦高效晶硅电池项目。

（2）薄膜太阳能电池。在薄膜太阳能电池领域，一些是已经投产的项目，如四川阿波罗太阳能电池核心材料项目。还有一些是尚处于建设阶段的项目，如成都中光电阿波罗首期 50 兆瓦（总 2000 兆瓦）碲化镉薄膜太阳能电池、四川汉能光伏首期 300 兆瓦（总 1000 兆瓦）薄膜太阳能电池、成都旭双首期 60 兆瓦（总 200 兆瓦）非晶硅薄膜太阳能电池等。

（3）光伏配套产品。投产的光伏配套产品项目有：成都南玻太阳能玻璃基板、成都国晶太阳能胶体储能电池等、旭双太阳能公司光伏电站项目与“太阳鸟家庭户用系统”等。

（4）核电设备制造。双流县拥有中国核动力研究设计院、核工业西南物理研究院、川开电气、瑞迪机械等核电设备研发机构与制造企业 10 余户。依托核动力研究设计院，重点发展核蒸汽供应集成采供体系和核电技术服务体系，开发第四代核电技术。

---

① 双流网. 转型升级新能源迎来新机遇［EB/OL］. http：//www.shuangliu.gov.cn/detail.jsp? id=732601，2016-03-29.

（二）双流新能源产业发展的经验分析

双流县发展新能源产业的经验有以下几个方面：

（1）建立“六中心、三平台”的支撑体系。“六中心”即国家光伏产品质量监督检验中心、国家级硅材料工程技术中心、天威新能源技术中心、太阳能聚光应用工程技术中心、核电设备综合试验中心、国家中低压电气产品质量监督检测中心，为新能源产业技术研发提供了坚实的后盾。“三平台”即成都未来应用研究有限公司、成都新能源产业技术研究院有限公司、成都绿色能源博览会有限公司，为新能源产业技术的转化提供了有效的途径。

（2）创建“政产学研用”合作发展的创新载体。经成都市政府批准，由成都市科技局和双流县人民政府采取“政府引导、企业主体、市场化运作”的组建模式，共同组建了成都新能源产业技术研究院。其功能定位为：前沿技术的集成器、科技成果的转化器、创新企业的孵化器、中小企业的服务器。在组织模式与运行机制上，研究院突破传统研究机构的行政层级体制设置，采取“理事会＋管理服务公司”的运行机制。理事会由出资者、相关高校、科研院所和企业组成，是研究院聚集创新资源与开展交流合作的平台；管理服务公司是研究院开展技术开发、成果转化、创新企业孵化的经营实体。

研究院由理事会、专业研究机构与公共研发平台、管理运营公司三大功能模块组成，并设立专家咨询委员会。其中，理事会由四川大学、中科院成都分院、中国核动力研究设计院等 17 家研究机构及行业企业组成；专家咨询委员由太阳能、风能、核能、生物质能、节能储能五个方向共计 40 名专家组成。

现阶段，成都新能源产业技术研究院已与国内外近 30 家高校、企业和研发机构达成合作意向，其中北京中联科伟达高效

晶硅电池、中山大学超高亮 LED、四川大学薄膜太阳能电池及发电工程中心等项目已进入实施阶段。

三、江西新余——从“钢城”崛起的“太阳能之城”

新余因钢设市，钢铁工业一直是新余的支柱产业，该市的工业化率达到 48.6%。近年来，新余通过大力发展新能源产业，有效地实现了产业转型升级，并被评为“国家新能源科技示范城”、“中国光电产业最佳投资城市”。

（一）新余新能源产业发展状况

新余已初步形成了以钢铁、新能源、新材料（储能）为支柱的产业体系，其中新能源产业主要涉及光伏和储能电池制造。

截至 2010 年，新余市已注册新能源企业 32 家，投产企业 22 家，拥有多个百亿元级新能源企业；新能源在建项目 24 个，总投资 700 亿元；已形成 3000 兆瓦硅片、1.1 万吨硅料、1000 兆瓦太阳能电池片、200 兆瓦组件的产能。2010 年，新余新能源产业主营业务收入 320 亿元，同比增长 113%。新能源产业对工业经济的贡献率达 25%，已基本形成了以光伏产业为核心，动力与储能电池产业、风电产业和节能减排设备制造业为补充的“一大三小”格局，并带动了一批优势企业。

新余市锂电池产业链初具规模，锂电池产品种类达 40 多个，涵盖了动力与储能电池生产的多个环节；集聚了国内外多家技术研发能力领先、发展实力雄厚的企业，如智锂、通锂、坤金三家正极材料企业，全行业前三位的负极材料企业斯诺，自主研制、全亚洲产量最大的电解液企业本一，国内锂离子二次电池正极材料磷酸亚铁锂排名前列的企业通锂新能源。

（二）新余新能源产业发展的经验分析

新余市发展新能源产业的经验有以下几个方面：

（1）发挥龙头企业的带动作用。新余市经济原本“一钢独大”，钢铁产业一度占全市 GDP 的 70%左右。2005 年 7 月，江西赛维 LDK 太阳能高科技有限公司在新余市注册成立。两年后，赛维在美国纽交所成功上市，融资达到 4.86 亿美元，成为江西省第一家在美国上市的企业。在赛维的带动下，新余光伏产业聚集效应凸显。如今，新余已有江西中材太阳能、江西天能电力、江西瑞晶太阳能、江西升阳光电等 11 家光伏企业建成投产，全市基本形成“硅料—铸锭—硅片—电池—组件—太阳能应用产品”的光伏产业链。

（2）政府高度重视发展新能源产业。江西省将光伏产业作为“一号工程”来抓，成立了“江西省促进光伏产业发展工作领导小组”，由省长亲自挂帅，制定规划、出台政策、整合资源，举全省之力精心打造新余世界级光伏产业基地。新余市政府在塞维 LDK 成立初期给予了大量的政策支持，包括出台赛维 LDK 创建和发展的专门文件，解决企业发展所需资金，提供供水、供电，安排土地、兴建厂房、优化环境、招聘人才、保卫安全，配备专门机构和人员负责办理各种手续，并及时解决项目建设过程中存在的问题等。

（3）财税扶持力度大。财税支持力度大主要表现为：一是对光伏企业制定了优惠的财政奖励政策，光伏企业投产后上缴的企业所得税地方留成部分第一年到第二年按 100%、第三年到第八年按 50%奖励给企业，上缴的增值税地方留成部分前两年按 50%、后三年按 25%奖励给企业；二是设立了光伏产业发展专项基金，政府每年从全市光伏企业上缴税收的地方留成部分中安排 10%的资金，支持企业发展；三是对光伏制造企业新扩建项目给予项目扶持基金、国债、技改财政贴息及其他专项资金支持，对外向型光伏企业实行出口奖励、补贴等。

四、河北保定——中国电谷

保定新能源与能源设备产业基地2003年1月通过科技部火炬中心的批准，成为科技部首家以新能源为特色的国家火炬产业基地，积极推进以新能源与能源装备为特色的高新技术产业发展，着力培育新能源与能源装备产业。

（一）保定新能源产业发展状况

保定已形成了光电、风电、新型储能、高效节能、智能输变电和电力自动化六大产业体系，光电、风电、输变电产业国内领先优势突出；英利公司、天威集团、国电联合动力等骨干龙头企业带动效应显著，科技型中小企业不断聚集，企业数量达到300余家，开创了骨干龙头企业带动，科技中小企业协同发展，政府、高校和科研院所、科技金融、资本服务提供支撑的良好局面。

（1）光伏产业达到国际领先水平。截至2014年底，拥有光伏企业24家，建立起多晶硅、单晶硅、薄膜电池完整的光伏产业链条。龙头企业英利集团建成了世界领先的全产业链晶硅电池生产体系，2012年、2013年两年出货量连续位居全球第一，2014年出货量约3.7GW，继续保持全球领先优势。

（2）风电产业体系完备。涵盖整机、叶片、控制系统等关键产业链条，整机产能突破1500台，其中国电联合动力公司连续保持中国风电整机行业前三强的地位。

（3）电力装备制造优势突出。世界著名的超大变压器制造商——天威集团相继研发出具有国际先进水平、国内变压器发展进程中首屈一指的输变电产品，新型储电行业的龙头企业风帆集团的蓄电池隔板技术代表了世界最高水平，以四方三伊、天河电子、奥普节能、科诺伟业、中康韦尔、新源绿网等为代表的70余家电力装备制造领域的高成长性科技型中小企业实现集群发展。

（4）品牌聚集力正在凸显。中国电谷吸引了日本三菱、美国江森、中国国电、中国兵装、中航集团等国内外知名企业落户，新能源与能源设备相关企业达到170余家，形成国内新能源及电力设备技术聚集区、人才聚集区、信息聚集区、产业聚集区。

（二）保定新能源产业发展的经验分析

保定市发展新能源产业的经验有以下几个方面：

（1）以自主创新提高产业基地的核心竞争力。保定高新区通过提高自主创新能力，打造区域核心竞争力。目前产业基地多项技术处于国际国内领先水平，取得各类国家标准及行业标准200多项，科研成果300多项，专利6000多项。保定新能源及智能电网产业集群目前拥有一大批从事技术和产品研究的专家，以及世界上最先进的光伏、风电产品研发及检测设备，创造了中国第一座光伏电站与五星级酒店一体化建筑（年均发电26万千瓦时）、第一块240公斤太阳能电池硅锭、第一个风电叶片研发中心、第一台大型风电整机传动检测平台等多项新能源领域的“中国第一”。光伏产品的关键技术指标已经达到了国际领先水平，在每瓦耗硅和非硅成本上都保持着世界纪录，龙头企业英利集团作为国家创新型试点企业，申请专利1835项，专利授权1413项，主持和参与编写国际、国家及行业标准逾50项，承担国家“863计划”、“973计划”、国家科技支撑等国家科技计划项目13项。风电企业中的惠腾公司在国产化叶片的研发方面处于国内领先地位；国电联合动力公司一直保持国内风电行业前三强的地位；科诺伟业公司承担的“大型风电机组电控系统技术开发与产业化”项目获省科技进步一等奖。此外，保定还拥有一批从事输变电、智能充电、电力系统自动化控制装置生产的知名企业，技术水平均处于国内领先地位。

（2）以高端公共创新服务体系支撑特色产业发展。保定新能源与能源设备产业基地正在形成完整的创新体系，技术创新能力更为突出。目前，产业基地拥有6个国家级重点实验室，7个国家级企业技术中心，12个省级技术中心，25个高新区企业技术中心，5个产业技术创新联盟；取得国家、行业标准200余项，专利超过5000项，多项成果已经达到国际、国内领先水平，拥有新能源领域多项第一。与华北电力大学、河北大学、河北农业大学、河北金融学院和河北软件职业技术学院五所院校合作创建的大学科技园成为产学研合作示范基地和战略性新兴产业培育基地，目前已获批国家级大学科技园；华北电力大学、河北大学与英利集团联合成立了河北省第一家光伏产业技术研究院；还拥有与中国科学院合作的国家级质量检测中心和各级专业研究所、科研成果转化中试基地等一批新型科研机构，获批多个博士后流动工作站，与华北电力大学达成战略合作，建立了国内首个可再生能源学院；成立了由15名院士参加的国内首家风电叶片研发中心；形成了体系完备的新能源产业创新服务平台，有力地推动了保定高新区新能源与能源装备产业逐步从制造中心向研发、技术、检测中心的跨越升级。

（3）龙头企业带动效应显著，产业集群化发展。保定高新区始终坚持自主培育、内生发展，无论是大型集团公司还是中小型企业都具有很强的根植性，有利于产业集群稳步协同发展。新能源与能源设备产业基地内规模过亿元企业有20余家，占整个产业集群总收入的比重达到70%以上，保定天威、英利新能源、国电联合动力、风帆股份、中航惠腾等龙头企业充分发挥带动作用，引领园区经济做大规模并向产业高端发展。同时，园区还涌现出华翼风电、天河环境、宇能电气、华仿科技、天河电子等一大批高速成长的科技型中小企业，规模千万元级企业近百家，已经成为新能源、智能电网等诸多产业领域自主创新的中坚力量，为保定高新区建设产业集群奠定了坚实基础。

以集聚化推进产业发展。集聚化发展是高新技术产业发展的一般规律。实践证明，将产业链、价值链各环节相关的科研、生产、技术服务单位纳入相对集中的区域，实现要素资源共享与集聚，形成较为完整的产业链和产业集群，对产业的规模化以及产业技术进步具有极强的推动作用。目前，保定从事新能源与能源装备的规模企业有 300 多家，初步形成了风力发电、光伏发电、输变电与电力自动化、储能装置、节能装置等产业，以英利集团、天威集团、风帆集团、国电联合动力公司为首的输、变、配、储、节电等相关企业的龙头带动作用强大，产业基础雄厚，产业链条完备，产业聚集效应明显。2013 年，保定新能源与智能电网装备产业集群获批科技部火炬中心全国首批创新型产业集群试点，产业基地进一步加快拓展，逐步彰显集合竞争力。

（4）加速产学研合作平台建设。2014 年，保定电谷大学科技园正式获批国家级大学科技园，成为河北省首家“地校共建”国家大学科技园。大学科技园汇聚了华北电力大学、河北大学、河北农业大学、河北金融学院、河北软件职业技术学院五所院校，创立了一园多校、联合创新的发展模式，已入驻企业 165 家，涌现出新源绿网、金锁安防、中康韦尔等一批小巨人企业，成为保定高新区重要的产学研合作示范基地和战略性新兴产业培育基地。

2015 年，先后成立了中国国际新能源应急产业创新联盟、中国电谷第三代半导体技术创新战略联盟、中国电谷智能电网装备产业技术创新联盟、中国光电网产业创新联盟、中国电谷

LED 产业技术创新联盟五家产业联盟。产业联盟的成立，对于实施创新驱动战略，提升保定市乃至河北省的产业层次和技术实力，具有积极的示范和带动作用，也是保定融入京津冀协同发展的重大成果和参与京津冀协同创新的重要平台。

（5）科技人才与科技金融成为集群发展的重要支撑。通过搭建人才引进平台、制定优惠留人政策和重奖创新创业人员等措施，全面实施人才优先发展战略，创优人才发展环境，完善人才培养体系，吸引了大批海内外优秀人才来高新区创业发展。目前，保定高新区拥有院士工作站 5 家，博士后工作站 4 家，有 2 人入选国家千人计划，1 人入选全省百人计划，2 人入选河北省“三三三人才工程”。柔性引进 17 名院士为产业发展顾问，在高新区工作的外籍专家先后有 4 人获得燕赵友谊奖。河北省人力资源和社会保障厅授予保定高新区“河北省引进外国智力示范单位”光荣称号。天河电子公司获得河北省巨人计划项目资助，宇能电气赵宗哲获得河北省百名科技型民营企业家称号。

综合运用政府资助、科技贷款、创业风险投资等融资方式，建立了产业发展所需要的多样化的科技金融体系。一是发展创业风险投资。高新区创业投资中心是管委会全额出资 3000 万元设立的专业性风险投资机构。2015 年，创业投资中心对外投资支持科技型中小企业 3 家，合计投资 1250 万元。截至 2015 年，创业投资中心累计投资支持企业 17 家，累计投资 8230 万元。二是积极打造区内担保平台。保定高新区融资担保公司有 4 家，注册资本金总量达 4.6 亿元。2014 年由高新区财政全额注资成立的保定高新区电谷融资担保有限公司增资到 3 亿元，共完成 14 笔担保业务，累计担保额达到 1.17 亿元。2015 年，高新区电谷担保公司在保金额 2 亿多元，实现保费收入 600 万元。三是区财政安排 1000 万元资金与建设银行保定分行合作开展中小企业“助保贷”业务，用于担保业务的风险补偿，2014 年共支持 5 家小微企业，累计发放助保金贷款 1590 万元。四是助力企业上市。2014 年 1 月，科技型中小企业保定奥普节能科技股份有限公司成为全国中小企业股份转让系统（俗称“新三板”）向全国扩容后首批集体挂牌企业之一；2014 年 8 月，区内台资企业保定味群食品科技股份有限公司在“新三板”挂牌。2015 年，乐凯新材料公司股票在创业板正式上市发行。截至 2015 年底，保定高新区内上市企业达到 8 家。

（6）京津冀协同发展取得突破性进展。2015 年 4 月，保定·中关村创新中心正式启动合作运营，创新中心将以新一代信息技术、节能环保、智慧城市、智慧能源、大数据和云计算等高端产业落户为依托，吸引高端人才聚集，促进区域产业升级及转型成长，力争用 10 年时间将创新中心逐步打造成为集研发孵化、总部办公、专业服务、商务配套等功能于一体的京津冀协同创新试点；同时以共建研发中心、共建实验检测平台、合作实施人才培训等手段，整合创新政策、专业人才、科技金融、技术平台、交易系统五大创新要素，逐步建立健全创新创业生态体系，强力促进创新创业人才培养和高新技术转化。截至 2015 年底，中心入驻单位已达 20 家，租占空间 1.3 万平方米。

第三节　我国及国内典型市县发展新能源产业的启示

通过对我国及四个典型城市新能源产业发展状况的分析，可以得到如下四个方面的区域发展新能源产业的启示：

一、新能源产业发展有所为有所不为

由于新能源产业的发展一方面受限于区域所拥有的自然资源，另一方面还要依赖于新能源的技术研发水平，因此，需要有重点地选择区域可以发展的新能源领域。如我国新能源产业发展的重点领域为水电、生物质能、风电、太阳能、地热能和海洋能；天津为风电装备制造；保定为风电装备制造、光伏及智能电网；双流为光伏与核能；新余为光伏与储能。各典型市县新能源产业发展的重点领域及其支撑体系如表 2-3 所示。

表 2-3 典型市县新能源产业发展的重点领域及其支撑体系

典型城市	重点产业领域	龙头企业	支撑体系	产业支持政策
天津	风电	维斯塔斯 苏司兰 歌美飒 东汽 华锐	上百家风电场开发商、风电整机制造商、风电零部件厂商与风电服务机构	产业规划、厂房租金支持、贷款贴息、研发机构奖励、成果转让奖励、人才奖励、博士后流动站、博士后创新基地奖励
河北保定	风电 光伏储能	天威英利 中航惠腾 国电联合动力	完备的光伏产业链、风电产业链	合资形式注入，提供办公场地、代建厂房、争取政策性资金支持、“创业中心—火炬园—专业化产业基地”三级创业体系
四川双流	光伏 核能	天威新能源 四川阿波罗 南玻	六中心、三平台	一区一主业，产学研用，优惠低价，增值税、所得税和营业税县级实得部分减免，项目中介人奖励，驰名商标奖励，专利奖励
江西新余	光伏 储能	赛维 LDK 中材太阳能 天能电力 瑞晶太阳能 升阳光电 赣锋 东鹏	集“硅料—硅锭—硅片—电池—组件—太阳能应用产品”的光伏产业链	江西省促进光伏产业发展工作领导小组、资金支持、文件政策支持、财政奖励政策、光伏产业发展专项基金

通过以上分析，可以总结出国内典型市县选择新能源产业发展重点的主要经验：

（一）有所为有所不为

由于新能源产业涉及太阳能、水能、风能、地热能、核能、潮汐能以及生物质能等许多领域，受区域资源以及经济发展水平的限制，这些城市均重点选择其中一类新能源进行扶持，通过提高该类新能源的技术水平、扩大应用范围以及完善产业链等措施，促进重点新能源产业的发展。

（二）与资源优势相结合

在选择新能源产业发展的重点领域时，这些城市均考虑了区域的自然、技术、知识与地域等资源优势。如天津一方面拥有大量的高校与科研院所，知识优势明显；另一方面，天津作为沿海城市有利于大型风电设备的运输。对于保定来说，华北电力大学在光伏发电领域的创新能力以及区域内充足的日照强度可以支持保定发展光伏发电产业。具备知识资源优势同样是双流县发展核电与光伏产业的基础，如中国核动力研究设计院、核工业西南物理研究院等科研机构。

（三）要考虑已有的产业基础

新能源作为新兴产业，不论是技术研发还是产业规模化发展均需要大量的资源投入，要想快速实现新能源产业的发展，在选择新能源产业时一定要结合区域内已经形成的产业基础。如天津的制造业基础、保定的电力行业基础、双流的装备制造业基础以及新余的材料行业基础等。

二、“龙头企业为核心，产学研为支撑”的产业发展模式

地方政府在尊重市场规律、重视龙头企业、全面考虑“产学研”支撑体系的前提下，通过产业规划、园区建设、项目招商和资源配置等方式主导新能源产业发展；企业是财富的创造

者，是产业发展的原动力，龙头企业是新能源产业链条的缔造者，是新能源产业发展的核心；科研、教育机构围绕龙头企业和产业发展进行支撑，知识成果、人才和资本在研究院所、教育机构与企业之间的流动是新能源产业发展壮大的血液。

（一）培育龙头企业

应借鉴典型市县发展新能源产业的成功经验，汇聚产业创新资源，围绕产业链拓展，吸引国际国内知名企业、科研院所、检测机构在高新区设立实验室、技术中心、产业联盟及生产基地等创新组织，实现强强联合，在标准制定、产品检测方面形成一定的话语权，实现高端引领。

（二）搭建产学研合作平台

通过与科研院所、高校共建联合实验室，围绕产业链延伸，建立新能源领域研发成果转化基地，打造有区域特色的新能源产业集群。

在现有产学研合作试验基地的基础上，进一步深化合作，设立专业化产业园区，建设新能源产品应用展示交易中心，拓展新能源在照明、交通环保等领域的应用，打造新能源产品集散地，提高品牌知名度。

建立新能源产业联盟，以新能源产业基地为龙头，细分市场，建立企业间产业链衔接，做大做强产业集群。搭建新能源产业发展公共服务平台，实现科技型中小企业有效合作、协同发展。

三、充分发挥政策的引导作用

应出台新能源产业领域的技术政策、财税扶持政策以及融资政策，以促进新能源产业的快速发展。

（一）制定可实现的技术政策

产业技术政策包括两个方面的内容：一是确定产业技术的发展目标，制定具体的发展规划，确立未来发展的技术标准和知识产权保护战略；二是具体的技术进步促进工具，包括技术引进、技术扩散和技术扶植开发原始创新等。

区域发展新能源产业，需要结合区域的技术研发与经济实力，制定能够实现的技术政策，包括产业发展目标、技术进步促进工具等。

（二）选择合适的财税政策工具

从技术生命周期来看，不同的技术发展阶段需要不同的财政政策工具。因此，各种财税政策工具在技术发展不同阶段的效果是不同的（见表 2-4）。为了支持新能源产业的发展，需要按照新能源产业技术生命周期的各个阶段，以实施效果为标准选择合适的财税政策工具。

表 2-4 财税政策工具在不同技术发展阶段的有效性与可行性

财税政策工具		新能源产业技术发展阶段			
		研发阶段	示范阶段	降低成本阶段	规模化商业推广阶段
直接投资		★★★	★★★	★	★
财政补贴		★★	★★	★★★	★★
税收优惠	正向激励	★	★★	★★★	★★
	反向激励	★	★	★★	★★★
政府优先（强制）采购		★	★★	★★★	★★

注："★"代表有效性强度，有效性越强，可行性越高。

由表 2-4 可知，在新能源产业发展的研发阶段，政府应积极对其采取直接投资的扶持措施，适当予以财政补贴；在示范阶段仍以直接资金支持为主，但此阶段应在辅以财政补贴的基

础上，适当采取税收优惠的正向激励及政府优先采购；当新能源产业发展到降低成本阶段时，政府应采取加大财政补贴、重视税收优惠的正向激励及政府优先采购三种扶持手段直至该产业发展到一定规模，处于商业推广阶段时才应大力加强税收优惠的反向激励，并辅以其他措施。

（三）适时推出产业发展所需要的融资政策工具

从技术生命周期来看，不同的技术发展阶段对资金的需求是不同的。因此，各种融资政策工具在技术发展不同阶段所起的作用也是不同的（见表 2-5）。为了能够满足新能源产业发展对资金的需求量，需要根据新能源产业技术生命周期的各个阶段，以融资政策的有效性为标准适时推出不同的融资政策工具。

表 2-5 融资政策在不同技术发展阶段的有效性与可行性

融资政策工具	新能源产业技术发展阶段			
	侧重于政府的作用		侧重于市场的作用	
	研发阶段	示范阶段	降低成本阶段	规模化商业推广阶段
财政贴息	★★★	★★★	★★	★
优惠贷款	★★★	★★★	★★	★
上市融资	★	★	★★★	★★
发行债券	★	★	★★★	★★★
清洁发展机制（CDM）	★★	★★	★★★	★★★

注：“★”代表有效性强度，有效性越强，可行性越高。

从表 2-5 可以看出，在新能源产业技术处于研发阶段与示范阶段时，需要政府的积极参与，此时财政贴息、优惠贷款等政策工具可以起到非常好的效果；当新能源产业技术已经相对成熟、成本降低并向规模化方向发展时，政府可通过规范企业上市融资、发行债券等制度以及要求企业建立清洁发展机制等政策，引导市场机制发挥作用。

中 篇

太原市新能源产业发展的战略方向、要素体系及政策措施

明确产业发展的战略方向，不仅可以为区域发展相关产业指明未来的发展方向，而且可以指导产业发展、避免走弯路。新能源产业的发展需要具备满足其发展的相关要素，如生产要素、需求条件、相关和支持性产业，以及企业的战略、结构和竞争对手。这些要素完备与否决定了新能源产业发展能力的高低。本篇在 SWOT 分析的基础上，提出太原市新能源产业发展的战略方向；结合波特的钻石模型，分析太原市新能源产业发展所需要的要素体系，提出支持太原市新能源产业发展要素体系建设的政策措施。

第三章　太原市新能源产业发展的战略方向选择

通过对太原市新能源产业发展的战略方向进行分析，可以明确太原市未来一段时间内新能源产业的发展重点，优先支持有技术优势的领域，实现以点带面，最终实现新能源产业的快速发展。

第一节　太原市新能源产业发展面临的机遇与挑战

通过对太原市新能源产业发展的宏观与中观环境分析，可以识别出太原市新能源产业发展过程中面临的机会与威胁，从而为确定太原市新能源产业发展的战略方向提供依据。

一、太原市新能源产业发展面临的机遇

分别从全球、国家、行业与区域三个层面对太原市新能源产业发展所面临的机遇进行分析。

（一）全球环境变化及资源减少

全球环境变化与资源减少带来的影响主要有：

1. 气候变暖、环境污染加剧

自进入20世纪以来，世界工业化进程不断加快，工业化过程中大量焚烧化石燃料，如石油、煤炭等，大范围砍伐森林，造成大量的二氧化碳等温室气体排放到空气中，导致地球温度上升，即温室效应。而当温室效应不断积累，导致地气系统吸收与发射的能量不平衡时，能量不断在地气系统累积，从而导致温度上升，造成全球气候变暖。全球变暖使全球降水量重新分配、冰川和冻土消融、海平面上升等，不仅危害自然生态系统的平衡，而且威胁人类的生存。

与此同时，化石燃料的使用、森林大面积的砍伐，造成了大气、水以及土壤污染等现象，严重地影响了人类生存环境与生活环境。这就要求各国不断开发新能源替代化石燃料，减少经济发展对环境的影响，实现可持续发展。

2. 世界各国争相发展低碳经济

在全球气候变暖的背景下，以低能耗、低污染为基础的"低碳经济"已成为全球热点。欧美发达国家大力推进以高能效、低排放为核心的"低碳革命"，着力发展"低碳技术"，并对产业、能源、技术、贸易等政策进行重大调整，以抢占先机和产业制高点。

低碳经济是指在可持续发展理念的指导下，通过技术创新、制度创新、产业转型、新能源开发等多种手段，尽可能地减少煤炭、石油等高碳能源消耗，减少温室气体排放，达到经济社会发展与生态环境保护双赢的一种经济发展形态。"低碳经济"最早见于政府文件是在2003年的英国能源白皮书《我们能源的未来：创建低碳经济》。

低碳经济的特征是以减少温室气体排放为目标，构筑以低能耗、低污染为基础的经济发展体系，包括低碳能源系统、低

碳技术和低碳产业体系。低碳能源系统是指通过发展清洁能源，包括风能、太阳能、核能、地热能和生物质能等，替代煤、石油等化石能源，以减少二氧化碳排放；低碳技术包括清洁煤技术（IGCC）和二氧化碳捕捉及储存技术（CCS）等；低碳产业体系包括火电减排、新能源汽车、节能建筑、工业节能与减排、循环经济、资源回收、环保设备、节能材料等。因此，可以看出发展新能源产业是实现低碳经济的能源基础。

3. 世界不可再生能源面临枯竭

世界经济的快速发展、人口数量的增加，造成经济活动与生活活动中消耗了大量的不可再生能源。据相关资料显示，目前世界上常规能源的储量有的只能维持半个世纪左右，如石油只能开采 41 年、天然气只能开采 67 年，储量最多的煤炭也只能开采 192 年。能源枯竭会造成能源危机；进而引发能源战争。

因此，寻求、开发可再生能源替代常规化石能源是支撑未来世界经济发展的基础。同时也可以看到，世界许多发达国家均已经将发展新能源提升到了战略高度。

4. 其他国家积累了发展新能源产业的成功经验

发达国家如德国、美国与日本在 20 世纪 60~70 年代便开展了新能源产业的发展，其先进新能源技术可以为后来者提供新能源技术发展的方向，其成功的管理组织方式可以为后来者提供发展新能源产业的借鉴。

（二）我国支持新能源产业与山西省经济转型

我国支持新能源产业发展与山西省经济转型发展所带来的影响有：

1. 国家重视新能源产业的发展

我国已将发展新能源产业作为我国能源战略的重要内容，先后出台了一系列支持新能源产业发展的政策，如国务院《关于加快培育和发展战略性新兴产业的决定》、国务院《能源发展“十二五”规划》、国务院《关于促进光伏产业健康发展的若干意见》、科技部《太阳能发电科技发展“十二五”专项规划》、科技部《风力发电科技发展“十二五”专项规划》以及国家能源局《2014年能源工作指导意见》等。① 在这一宏观背景下，有利于营造发展新能源产业的社会环境与制度环境。

2. 国家支持山西经济转型发展

山西作为全国重要的能源和原材料供应基地，为全国经济社会的可持续发展做出了突出贡献，但山西作为典型的资源型省份，经济对资源的严重依赖极大地制约了山西省经济的发展。近年来，山西一直在探索经济转型与产业升级，国家对此也非常重视，并给予许多政策支持。如2010年山西省国家资源型经济转型综合配套改革试验区正式设立；国务院出台了《关于进一步支持山西经济社会发展的若干意见》等。这些政策措施为山西省新能源产业发展提供了十分难得的机遇。

（三）山西省具备了发展新能源产业的基础

山西省经过多年的发展，已具备了一定的发展新能源产业的基础，具体内容为：

1. 山西省产业结构优化升级，大力发展非煤产业

2014年，近八成工业固定资产投资流向非煤产业；同年，山西省政府出台了一系列促进新能源产业发展的政策，如《山西省人民政府关于加快促进光伏产业健康发展的实施意见》、《山西省加快推进新能源汽车产业发展和推广应用的若干政策措施》、《山西省新能源汽车产业重大项目布局推进意见》与《山西省煤层

---

① 我国出台的新能源产业支持政策见附录一。

气装备制造业发展实施方案》。[①] 2015 年，山西省政府工作报告中明确提出“推动产业结构优化升级，做好非煤这篇大文章”。这些政策以及产业发展方向的确定，为太原市发展新能源产业提供了良好的契机。[②]

由于有相同的文化、社会与政策制度环境，国内典型市县发展新能源产业的做法与成功经验，如明确区域新能源产业发展的重点领域、充分发挥政策的引导作用、“龙头企业为核心、产学研为支撑”的产业发展模式等，可以为太原市发展新能源产业提供借鉴，从而少走弯路。

2. 山西省科技创新城的建设

2014 年，山西省政府出台了山西省科技创新城建设方案。建设科技创新城是山西省实施创新驱动发展战略的关键之举，是优化生产力布局的战略之策，是破解资源型经济转型难题的综合试验平台。计划投资 150 亿元，举全省之力，将其打造成为山西科技特区、人才特区、中国煤基科技及产业创新高地、世界煤基科技成果和项目重要集聚中心。按照山西省产业转型发展的现实需求，在科技创新城核心区优先布局建设煤、煤层气、页岩气产业创新链，电力产业创新链，新材料产业创新链。按照“政府主导、整合集成、虚实结合、共建共享”的原则，整合创新资源，引进专业团队，建设科技资源服务、科技创业孵化和科技金融服务三类服务平台。

科技创新城的功能为：提升科技创新能力，增强产业转型后劲，打造区域发展引擎。其战略定位为：国际性低碳技术创新高地，国家煤基产业科技中心，山西转型综改试验先导区。

---

① 山西省出台的新能源产业支持政策见附录二。

② 山西省出台的新能源产业支持政策与其他同类省份相比仍有较大差距，具体政策对比见附录三。

其建设思路为：抢抓建设山西国家资源型经济转型综改试验区发展机遇，以科技创新和产业升级为目标，围绕“以煤为基、多元发展”和“高碳资源低碳发展、黑色煤炭绿色发展”的总体部署，实施“低碳引领”、“创新驱动”、“开放带动”三大战略，形成以煤基产业为重点领域的自主创新新优势、以高端制造业和现代服务业为主体的产业转型新高地、以“产研一体、产城一体、产融一体”为特征的区域发展新格局。

山西科技创新城的建设将集聚大量有研发、创新能力的科研机构与企业研发中心，从而提升山西省煤基低碳领域的技术创新能力与技术水平，为发展新能源产业提供技术支撑。

3. 山西省新能源产业已初具规模

现阶段，山西省新能源产业可分为三类：一是具有绝对资源优势，通过深加工可以形成规模较大、产业链完整、区域特色明显的新能源产业，如煤层气开发利用、煤基液体燃料汽车、煤层气汽车和硅基太阳能光伏电池等；二是拥有一定的资源条件和市场潜力，可以形成规模开发和专业化生产，服务于全国与全球市场的产业，如风能与太阳能资源开发、风机零部件和整机、光伏设备制造等；三是具有一定资源，但规模有限，只适合在资源条件允许的局部区域发展的新能源产业，如生物质能、地热能等。

（1）风能产业日趋成熟。目前，山西省依托太原重型机械集团公司、汾西重工、永济电机等重点企业，已经形成相对完整的风电产业链，涵盖风机制造及风电场的设计、建设与运营等领域。

山西省风能利用率不断增加，2010 年山西省风力发电量仅为 37.05 万千瓦；到 2014 年，全年风力发电量达到 75.24 亿千瓦时，风电机组年平均利用小时 1912.1 小时；2015 年 1 月 18 日全日风电发电量达到 6926 万千瓦时，占当天总发电量的 14%。

山西省风电装机容量不断攀升，2010年山西省全部新能源发电装机量仅为317万千瓦，而到2014年底，山西省风电装机量达到485万千瓦，成为山西省第二大发电电源板块。

山西省是国家重点支持的风力发电地区之一。2013年山西省新增风力发电项目39个，新增核准容量321.75万千瓦，居全国第三位；截至2013年，山西省风电累计核准容量744.03万千瓦，居全国第六位。

（2）光伏发电产业链初步形成。山西省光伏产业链涵盖太阳能电池成套生产装备、晶硅太阳能电池组件制造、光伏产业主要原辅材料生产以及光伏电站的设计建设与运营，形成以长治、太原、大同为核心的太阳能光伏产业基地。

截至2014年，全省拥有光伏企业近30家，初步形成了以中电科新能源、潞安集团、晋能集团、山西天能、山西森达源等企业为核心的涉及产业链上、中、下游的光伏产业发展格局；形成了多晶硅3500吨、单多晶硅锭棒700兆瓦、单多晶硅片760兆瓦、电池片500兆瓦、电池组件500兆瓦的生产能力，2011年光伏产业销售额接近20亿元。

光伏发电量不断增加，2014年山西省光伏发电量完成3.151亿千瓦时，年平均发电利用小时达到1518.4小时，光伏装机达到40.5万千瓦。

（3）煤层气产业发展水平处于国家前列。以潞安集团、晋能集团等重点企业为核心，形成了煤层气勘查、开发、储运、利用及装备制造相对完整的产业链。

2010年山西省煤层气抽采量达到44亿立方米，占全国抽采总量的61%，煤层气利用率达40%。2011年煤层气（煤矿瓦斯）抽采量达52亿立方米，居全国首位。其中，地面煤层气抽采量为20亿立方米，同比增长33%；煤矿瓦斯抽采量为32亿立方米，同比增加 14%。

2014 年，山西省煤层气抽采量为 89.75 亿立方米，占全国的 52.79%，地面抽采量为 34.41 亿立方米，占全国的 93%，井下瓦斯抽采量为 55.34 亿立方米，占全国的 41.61%。其中，仅晋煤集团就实现煤层气抽采量 25.43 亿立方米、利用量 17.12 亿立方米，分别占全国总量的 16.37%、24.43%。其中，地面煤层气抽采量为 14.30 亿立方米、利用量为 11.04 亿立方米，分别占全国总量的 38.74%、34.89%。

2014 年山西省煤层气利用量为 47.61 亿立方米，占全国的 61.83%，地面抽采利用量为 27.04 亿立方米，占全国的 84.5%，井下抽采利用量为 20.57 亿立方米，占全国的 45.71%。

（4）生物质能的应用范围逐渐扩大。生物质发电量快速增加，2010 年山西省生物质发电量为 6.6 万千瓦；2013 年 8 月长治市生物质新能源电厂正式并入国家电网运行，可实现年发电量 1 亿千瓦时。按照山西省已有规划，到 2020 年，将规划扩建 13 个项目，使年发电量达到 17.8 亿度，可以消耗 200 万吨农林剩余物，可替代 100 万吨标准煤。

生物制气工程已初具规模。截至 2014 年，山西省建成户用沼气池 70 万户，年总产气量 1.68 亿立方米；大中型沼气集中供气和秸秆集中供气工程建成 197 处，集中供气 5 万户；拥有市、县、乡、村级服务网站点 3150 处，初步形成农村沼气服务网络。

秸秆综合利用程度加大。山西省秸秆主产区可用于能源转化的秸秆总量为 991 万吨，其中小麦、玉米和棉花秸秆分别为 115 万吨、817 万吨和 59 万吨，分别占秸秆总量的 11.6%、82.4%和 6.0%。秸秆还田、秸秆饲料、秸秆气化、秸秆微生物快速沤肥等取得积极进展，并开展秸秆复合菌剂示范推广，不断增加农村户用沼气原料来源等，秸秆利用总量为 300 多万吨，

占总量的30%，一批秸秆发电、林木废弃物加工木炭等项目已开始前期准备工作。

城镇垃圾焚烧电厂陆续建成。相关统计数据显示，[①] 2014年山西省城镇年产生垃圾总量达到500余万吨。随着人们垃圾分类意识的不断增强，太原、介休、忻州、大同等地已经陆续建成垃圾焚烧发电厂。

（5）初具新能源汽车发展的产业基础。山西省电动车开始进行示范运行，初步具备了发展电动车的基础。2014年，山西皇城相府集团的宇航汽车公司生产的电动公交车在晋城市运行20辆，山西华夏动力科技有限公司生产的电动公交车在太原市运行10辆。但山西省整车集成创新研发与国内同行业相比起步较晚，整车企业资源整合刚刚起步，产业链条不完备。其中，动力电池系统、驱动电机系统等关键总成在国内电动汽车行业的配套能力较弱；缺乏专业从事电动汽车电控系统方面的企业，在动力电池和电池正负极、隔膜、电解液等关键材料等领域，尚未形成完备的产业链。

燃料甲醇和甲醇汽车产业的规模、技术水平、市场完善程度等方面都处于全国领先地位。第一，甲醇燃料发展初具规模。低比例（M15）掺烧从2001年起开始小规模示范、区域示范，并向全省全面推广，到2014年累计销售M15甲醇汽油（即15%甲醇+85%汽油）365万吨，可替代汽油54.30万吨，加注车辆累计超1亿辆车次，单车行驶里程超过50万公里；高比例（M85-100）甲醇燃料（即85%甲醇+15%汽油或100%甲醇）从20世纪80年代承担国家有关科研、示范项目开始，至2014年

① 2015年全国大、中城市固体废物污染环境防治年报［EB/OL］. http：//www.caepi.org.cn/p/1514/362539.html，2015-12-08.

底累计销售高比例甲醇燃料 35.90 万吨，可替代汽油 22.43 万吨。[①] 第二，在用车甲醇化改造发展迅速。在用车甲醇化改造从 2008 年开始，截至 2015 年累计改车 16.96 万辆；启动了甲醇汽车试点工作，其中，晋中市 150 辆甲醇出租车、长治市 100 辆甲醇城际公交车进入国家工信部甲醇汽车试点运行；甲醇汽车、甲醇发动机产业初具规模，吉利晋中新能源汽车项目于 2015 年 12 月 28 日竣工并正式投产，山西成功汽车制造有限公司生产的甲醇多用途车已经列入工信部公告，生产甲醇发动机的一汽靖烨发动机有限公司、北达发动机有限公司、北达亿科动力发动机有限公司发展迅速。

燃气汽车领域具有一定的资源优势，产业链较为完整，基本可以满足燃气汽车开发及应用的需求，具有较好的配套环境。如 LNG 重型载货商用车设计技术处于国内行业同一先进水平，山西省的江铃重汽、大运汽车、成功汽车都在进行燃气重型卡车和微型汽车的开发。

山西省新能源产业的发展，为省会城市太原发展新能源产业提供了产业基础。

4. 山西省在风电、生物质能与地热能等技术领域具有相对优势

结合新能源技术成熟度分析[②]，图 3-1 展示了山西省新能源技术领域的相对优势。

图 3-1 中气泡大小代表山西省在该技术领域专利数量的多少。横坐标表示该技术领域的专利相对增长率，相对增长率 $R_t>1$ 时，表示该领域专利增长速度高于我国专利平均增长速度，R_t

① 制约山西省甲醇燃料行业发展的因素分析见附录四。

② 新能源产业技术成熟度分析见附录五。

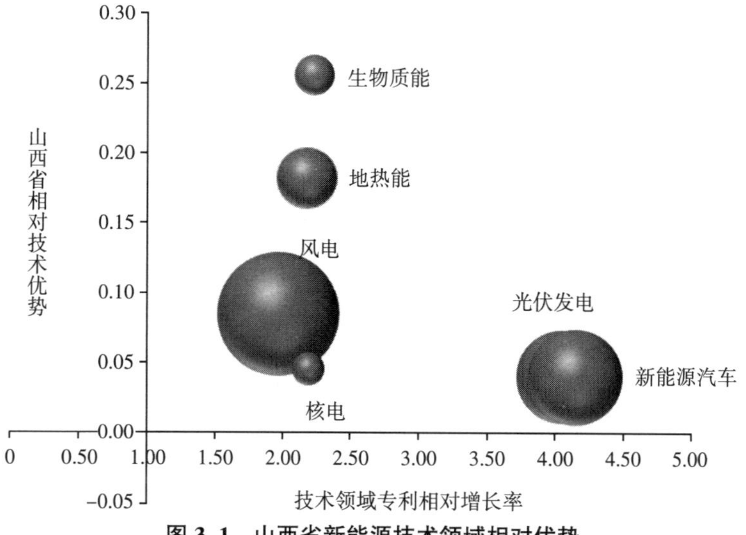

图 3–1　山西省新能源技术领域相对优势

的值越大，专利增长速度越快，说明该领域发展潜力越大，越值得投入研发资源；$0 < R_t \leq 1$ 时，表示该领域的专利增长速度较慢，低于或等于我国专利平均增长速度。纵坐标表示山西省的相对技术优势，该指标数值为山西省某技术专利数量与该技术专利排名第一的省或直辖市的专利数量的比值，该比值越大，山西省在全国的相对优势越大。由定义可知，该指标值最大为1，若山西省某项技术的得分为 1，则反映了山西省在该技术领域专利创新领先。

从专利数量上来看，山西省在风电技术领域的专利数量最多，其次是光伏发电、新能源汽车、地热能、生物质能、核能。

从专利的相对增长率角度来看，新能源汽车和光伏发电的专利相对增长率都在 4 以上，发展潜力最大；其次是生物质能、核电和地热能领域，专利相对增长率均在 2 以上，表明这三个领域专利增长速度都很快。风电领域相对增长率为 1.97，虽然略低于其他领域，但该领域专利增长速度也高于我国专利平均增长速度，技术发展正在逐步成熟。

总体来看，山西省在这六大新能源技术领域的专利增长速度高于我国专利平均增长速度。山西省在生物质能、地热能和风电领域具有一定的技术优势，应加大对生物质能和地热能的开发利用。在风电领域，山西省应重点利用风电装备制造方面的优势，依托太钢、太重等装备制造企业，积极推广风电的应用。相对于前三个技术领域，核电、光伏发电和新能源汽车领域技术专利数量在全国所占比例较小，技术优势并不明显，山西省应加大这些领域的技术研发投资。

5. 山西省出台扶持新能源产业的政策①

《山西省国家资源型经济转型综合配套改革试验 2015 年行动计划》的出台、山西省《加快推进新能源汽车产业发展和推广应用的若干政策措施》的实施，给太原市新能源发展提供了十分难得的机遇。

山西省 2015 年综改行动计划中提出要加快新兴产业发展，以推进产业结构调整升级、构筑现代产业体系为目标，积极推进新兴产业重大项目布局，重点加快新能源、节能环保、生物、高端装备制造、新材料、新一代信息技术、新能源汽车、煤层气和现代煤化工等战略性新兴产业发展。山西省发改委发布的《加快推进新能源汽车产业发展和推广应用的若干政策措施》中也提出，将太原市建设成为 6 个新能源汽车产业基地之一；《山西省煤层气装备制造业发展实施方案》中明确要将太原市建设成为煤层气装备制造基地。这对于太原市新能源产业来说是发展的机遇，应借助政策的倾斜与资金的支持，大力发展风能、太阳能以及新能源装备制造业。

① 山西省出台的新能源产业支持政策见附录二。

二、太原市新能源产业发展面临的挑战

分别从行业与区域两个层面对太原市新能源产业发展所面临的挑战进行分析。

（一）行业竞争加剧、产品差异化需求增加

行业竞争加剧、产品差异化需求增加带来的影响主要表现为：

1. 同行业竞争激烈

由于企业的盲目投资以及相关领域的低水平重复建设，造成了国内个别新能源产业出现了产能过剩、竞争加剧的现象。如现阶段我国有200~300家太阳能电池制造企业、40~50家晶硅制造商、70多家风电制造商。另外，各省为了本地区经济发展的需要，都利用振兴政策，积极扶持本省的新能源企业，于是在短时间内涌现出大量新能源生产企业，导致新能源产业同行业的竞争加剧。太原市在风电和太阳能等领域具有一定的技术优势，但要在激烈的市场竞争中发展与壮大，必须进一步加大研发投入，充分发挥企业技术创新主体的地位，不断提高企业的创新能力。

2. 新能源产品的差异化需求加大

新能源产业正步入成长期，市场对新能源产业的需求差异化不断加大。现在市场中已有的太阳能光伏、新能源照明、电动车、燃气汽车等产品，不同企业产品差异性明显、具有独特的功能。实力越强的企业，其产品的特色越显著。因此，太原市发展新能源产业不能再停留在低水平的同质化竞争阶段，而要不断加大新能源产业核心技术的研发，增加产品差异化程度，通过促进新能源产品的销售来保证新能源产业的发展。

（二）山西省经济、文化与制度环境较差

山西省整体经济发展水平不高，2014年GDP总量为12759.4

亿元，按可比价格计算，比 2013 年增长 4.9%。其中，第一产业增加值 788.1 亿元，增长 3.8%，占生产总值的比重为 6.2%；第二产业增加值 6343.3 亿元，增长 3.7%，占生产总值的比重为 49.7%；第三产业增加值 5628.0 亿元，增长 7.0%，占生产总值的比重为 44.1%。与排名第一的广东省（GDP 总量为 67792.24 亿元）、排名第二的江苏省（GDP 总量为 65088.32 亿元）有很大的差距。

山西省文化与制度环境较差，思想观念保守，缺乏创新氛围，相关的制度不完善，政策制度的制定落后于东部及沿海城市，缺乏吸引人才和风险投资、促进新能源产业发展的软环境。

（三）山西省“一煤独大”的产业结构

山西省一直以来是全国重要的能源基地，太原作为省会城市，集中了一批以煤炭为主的能源企业。第三次经济普查数据显示，2014 年山西省煤炭开采及洗选行业的企业有 1155 家，主营业务收入达到 6781 亿元，企业数量和工业总产值都占山西省企业总数和工业总产值的近 1/3。煤炭相关产业已经成为山西省的主导产业，并且经过多年的发展，产业结构已经相对稳固，这种产业结构极大地阻碍了新能源产业的发展。另外，煤炭相关产业的长期发展形成了产业壁垒，大量的资金与人才等产业发展所需要的资源流向煤炭相关产业，也极大地阻碍了新能源产业的发展。

第二节　太原市新能源产业发展的优势与劣势

通过对太原市新能源产业发展的优劣势进行分析，可以总结出太原市发展新能源产业的资源优势与资源劣势，进而为确

定太原市新能源产业发展战略提供依据。

一、太原市新能源产业发展的优势

太原市新能源产业发展的优势主要表现在以下几个方面：

（一）太原市高校与科研机构密集

太原市作为山西省的省会城市，是山西省政治、经济、文化、交通与国际交流中心，集聚了全省 85%左右的高等院校。太原市共有普通高等院校 47 所，包括山西大学、太原理工大学、中北大学、山西财经大学等全省最为著名的学府。山西大学是国家"一省一校"重点建设高校、山西省人民政府和教育部共同重点建设的省部共建大学；太原理工大学是国家"211 工程"重点建设大学；中北大学是"中西部高校基础能力建设工程"百所入围高校之一、教育部"卓越计划"建设高校、山西省人民政府与国家国防科技工业局共建大学（原国防工业八所本科院校之一），原来是国家二级保密单位；山西财经大学是"中西部高校基础能力建设工程"百所入围高校之一。

太原市有中国科学院山西煤炭化学研究所、中国辐射防护研究院、中国日用化学工业研究院、水利部山西水利水电勘测设计研究院等几十家科学研究机构。

这些高校与科研机构在煤基低碳、新材料、再制造、装备制造等领域拥有雄厚的科研基础与很强的创新能力，可以为太原市发展新能源产业提供坚实的技术后盾（刘东霞等，2006）。

（二）有一定的新能源产业基础

太原市新能源产业主要包括光伏发电、风力发电、生物质发电与水力发电等新能源发电领域、相关新能源装备制造领域。

虽然太原市新能源产业起步较晚，但也取得了一定的成绩，并形成了一定的新能源产业基础。

新能源消费量不断增加。2012~2014 年太原市新能源消费量占能源消费总量的比重分别为 0.5%、0.65%、0.62%。

新能源发电装机容量有所上升。2013~2015 年太原市新能源发电装机容量分别为 6.09 万千瓦、14.09 万千瓦与 24.09 万千瓦。不同类型新能源发电装机容量如表 3-1 所示。

表 3-1 2013~2015 年太原市新能源发电装机容量

单位：万千瓦

年份	垃圾发电	生物质发电	太阳能发电	水力发电	风力发电	总计
2013	2.4	—	1.431	2.26	—	6.09
2014	2.4	8	1.431	2.26	—	14.09
2015	2.4	8	1.431	2.26	10	24.09

从表 3-1 可以看出，太原市 2013 年新能源发电装机类型主要为垃圾发电、太阳能发电与水力发电；2014 年新增生物质发电；2015 年投资建设了娄烦皇姑山与古交阁上风力发电项目。

新能源发电量快速增长。2012~2014 年太原市新能源发电量分别达到 1.07 亿千瓦时、1.39 亿千瓦时与 1.37 亿千瓦时，年均增长率 33%。

生物质与水力发电是新能源发电的主要形式。2013 年生物质发电量与水力发电量分别占新能源发电总量的 52.37% 与 47.62%。2014 年生物质发电量大幅增加，发电量增长了 43.27%，占新能源发电总量的 76.18%，如水塔、紫林醋业等企业均利用醋糟发电；太阳能发电量增长了 60 倍；而水力发电量明显下降，发电量减少了 50.85%，仅占新能源发电总量的 23.76%（见表 3-2）。

表 3-2　2013~2014 年太原市新能源发电量

单位：万千瓦时

年份	生物质发电量	太阳能发电量	水力发电量
2013	7287.07	0.13	6625.35
2014	10440.11	8.02	3256.49

积极利用地热资源。地热资源具有清洁、无污染、可再生的特点，太原市地热资源丰富，除可用于地热发电外，还可用于供暖、休闲疗养、养殖等方面。现阶段，太原市利用地热资源的项目主要有省实验中学新校区、江都国际大厦、晋瑞苑、国瑞苑、江都迎泽区政府等。从利用地热资源的设备来看，主要包括污水源热泵（如国瑞苑）、土壤源热泵（如晋瑞苑）、浅层水源热泵（如迎泽区政府）。

2012 年 7 月 17 日，由山西省发改委、省可再生能源协会、山西双良可再生能源集团公司联合举行的"'中国—波兰'深层地热发电及供热、地下煤炭气化发电及供热山西项目推进会"在太原召开，会议提出分别在太原、朔州、忻州、大同、孝义、和顺等市县建设深层地热发电及供热项目或煤炭地下气化发电及供热项目，将建设 100 兆瓦和 300 兆瓦装机容量的地层热电厂。届时，预计可分别实现年发电量 8.76 亿千瓦时和 26.28 亿千瓦时，将可提供供热能力分别为 1000 万平方米和 3000 万平方米。

沼气利用有序推进。太原沼气的利用主要集中在阳曲、古交、小店等周边县城及农村①，从 2003 年太原市开始发展沼气"富民工程"以来，截至 2005 年底，全市共发展沼气用户 1775

① 太原科技局. 太原 2015 年投资 936 亿　重点抓 156 个项目［EB/OL］. http：//www.taiyuan.gov.cn/xwzxBmdt/285086.jhtml，2015-04-17.

户，每年可为使用沼气的农民增收节支500余万元。

重视新能源产业投资。“十二五”期间，太原市累计投资约19.65亿元用于风电装备制造业技术创新能力改造，改造完成后实现销售收入约77.98亿元。2015年，新兴产业投资178亿元以上，新兴产业投资占所有产业投资的比重不低于52%。①

（三）拥有一批先进的新能源骨干企业

据山西省统计局的数据，太原市新能源企业主要集中在专用设备制造业、通用设备制造业、计算机通信和其他电子设备制造业、汽车制造业、电力热力生产和供应业。

从事新能源设备制造的核心企业有太原重型机械集团有限公司（太重集团）、山西汾西重工有限责任公司（汾西重工）、太原市金鸿利机械制造有限公司、太原清徐县正友邦机械厂、太原重工股份有限公司、山西合创电力科技有限公司、中电科新能源、山西天能以及太原风华信息装备股份有限公司等。这些企业主要从事光伏、风电、核电以及煤层气装备的制造。

通过在佰腾网查询新能源领域的专利数据，可以发现这些企业已在新能源领域的技术创新方面取得了一定的成绩。

1. 核心企业是风电领域技术创新的主体

1997~2015年，太原市风电领域前十位专利申请者拥有67.22%的专利量（见表3-3）。前十位专利申请者中，企业7家、高校1家、个人2名。其中，太原重工股份有限公司拥有37件专利，占专利总量的31.09%；太原科技大学拥有12件专利，占专利总量的10.08%；其余6家企业合计拥有专利26件。

① 太原科技局. 太原2015年投资936亿 重点抓156个项目［EB/OL］. http：//www.taiyuan.gov.cn/xwzxBmdt/285086.jhtml，2015-04-17.

表 3-3　1997~2015 年太原市风电领域专利拥有量前十位申请者

排名	申请者	专利量（件）
1	太原重工股份有限公司	37
2	太原科技大学	12
3	山西合创电力科技有限公司	6
4	山西汾西重工有限责任公司	6
5	国网山西省电力公司电力科学研究院	5
6	大唐山西新能源有限公司	4
7	中船重工电机科技股份有限公司	3
8	温建	3
9	中国能源建设集团山西省电力建设四公司	2
10	周凌云	2
合计		80

通过表 3-3 可以发现，太原重工股份有限公司在风电领域拥有较强的研发能力。太重集团已具备了制造风电整机的能力，2009 年太重第一台 1.5 兆瓦风机样机制造完毕并发运至山西格盟公司大同新荣风场，于 2009 年 11 月 26 日安装调试并网发电一次成功。另外，太重集团还可以生产风力发电机主轴、主机架等配套件。

汾西重工在风电领域也具有一定的研发能力，拥有专利 6 件，主要从事风力发电机方面的研发与生产。

2. 核电装备制造是核心企业研发的重点

1987~2015 年太原市核电领域的专利申请者共有十位，其中，企业 6 家、高校 1 家、科研院所 2 家、个人 1 名（见表 3-4）。

从表 3-4 可以看出，在太原市核电研发领域，太原重工股份有限公司研发实力最强，拥有专利 17 件；通过对这些专利所属的技术类别进行分析，发现太原重工股份有限公司主要从事

表 3-4 1987~2015 年太原市核电领域专利拥有量前十位申请者

排名	申请者	专利量（件）
1	太原重工股份有限公司	17
2	太原钢铁（集团）有限公司	2
3	中国辐射防护研究院	1
4	太原市河西三益电器仪表服务部	1
5	太原科技大学	1
6	山西中辐核仪器有限责任公司	1
7	山西太钢不锈钢股份有限公司	1
8	山西省公安交通警察总队	1
9	山西省电力试验研究所	1
10	王芳	1
合计		27

核电装备制造领域的研发。在 20 世纪 80 年代，太原重工股份有限公司就开始开发核电站的环吊、乏燃料容器吊车、燃料抓取机等核电装备。2014 年 11 月，太原重工股份有限公司推出了世界首台高温气冷堆核电站乏燃料储存系统地车及屏蔽罩成套设备，为核电关键设备国产化发挥了重要作用①。

3. 太阳能电池与生产装备是企业技术研发的优势领域

1988~2015 年太原市光伏领域前十位专利申请者拥有 45.43% 的专利量（见表 3-5）。在前十位专利申请者中，企业 6 家、高校 3 家、个人 1 名。

① 太原市科技局. 太重研制成功世界首台高温堆乏燃料地车［EB/OL］. http：//www.taiyuan.gov.cn/xwzxBmdt/244080.jhtml，2014-11-21.

表 3-5　1988~2015 年太原市光伏领域专利拥有量前十位申请者

排名	申请者	专利量（件）
1	中北大学	31
2	山西纳克太阳能科技有限公司	30
3	太原理工大学	24
4	山西中电科新能源技术有限公司	24
5	中国电子科技集团公司第二研究所	11
6	太原科技大学	9
7	太原风华信息装备股份有限公司	8
8	山西天能科技股份有限公司	8
9	侯国华	7
10	山西三益科技有限公司	7
合计		159

这些申请者的专利主要涉及以下三个技术类别：第一类，太阳能电池生产装备。典型的研发单位有：山西中电科新能源技术有限公司、中国电子科技集团公司第二研究所、太原科技大学、太原风华信息装备股份有限公司、山西天能科技股份有限公司；研发的产品主要为：多晶硅铸锭炉及太阳能电池加工设备等；代表性产品为多晶硅铸锭炉。2012 年 11 月 8 日，经过中国电子科技集团公司第二研究所的刻苦攻关，国家科技部“863”计划、山西省科技创新计划项目“多晶硅铸锭炉”试验成功并铸出第一块多晶硅锭，打破了该设备长期以来依赖进口的被动局面，是国内新能源领域的重大突破。该炉是生产太阳能电池硅片的关键装备，技术复杂、温度控制难度大，首次试验即取得成功标志着太原市在该领域的研发技术处于领先地位。①

① 太原市科技局．“863”计划项目“多晶硅铸锭炉”在我市研制成功［EB/OL］. http：//www.taiyuan.gov.cn/xwzxBmdt/133068.jhtml，2012-11-08.

第二类，光伏产业原材料研究。典型研发企业为：山西天能科技股份有限公司、山西纳克太阳能科技有限公司；主要进行单晶硅生产、多晶硅提纯等方面的研发。

第三类，太阳能利用研究。典型的研发单位有：太原理工大学、中北大学、山西纳克太阳能科技有限公司、山西天能科技股份有限公司；主要进行太阳能日用电子产品、太阳能热风风力发电、风光互补发电、太阳能与燃气集成系统等方面的研发。

4. 洁净能源领域企业有较高的技术积累水平

洁净能源领域主要包括煤炭清洁利用技术（如煤气化、煤液化）以及洁净燃烧技术（如超临界、超超临界发电技术，整体煤气化联合循环发电技术，循环流化床技术以及增压流化床燃烧循环发电技术等）。1988~2015 年太原市洁净能源领域典型的专利申请者情况如表 3-6 所示。

表 3-6　1988~2015 年太原市洁净能源领域典型专利申请者情况

技术领域	申请者	专利量（件）
煤气化技术	中国科学院山西煤炭化学研究所	53
	太原煤气化股份有限公司	51
	山西鑫立能源科技有限公司	51
	太原理工大学	45
	赛鼎工程有限公司	40
	太原煤气化股份有限公司焦化厂	21
	山西天和煤气化科技有限公司	5
	太原重机煤气设备工程公司	3
	太原海力丰科技发展有限公司	3
	山西中元煤洁净技术有限公司	3
煤液化技术	中国科学院山西煤炭化学研究所	15
	太原理工大学	12
	赛鼎工程有限公司	11

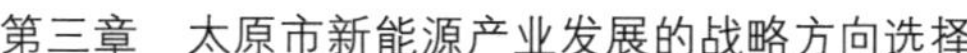

续表

技术领域	申请者	专利量（件）
煤液化技术	山西新源煤化燃料有限公司	5
	山西蓝天环保设备有限公司	4
	太原理工天成科技股份有限公司	2
	山西洁泰达煤化工工程有限公司	2
	太原嘉能动力科技有限公司	1
	太原科技大学	1
	山西能源产业集团科技发展有限公司	1
超临界、超超临界发电技术	太原钢铁（集团）有限公司	3
	山西太钢不锈钢股份有限公司	2
	中国能源建设集团山西省电力勘测设计院	1
	山西省电力勘测设计院	1
整体煤气化联合循环发电技术	太原理工大学	7
循环流化床技术	太原锅炉集团有限公司	31
	中国科学院山西煤炭化学研究所	12
	太原锅炉集团电力工程有限公司	8
	太原理工大学	7
	山西蓝天环保设备有限公司	5
增（加）压流化床燃烧循环发电技术	中国科学院山西煤炭化学研究所	2
	太原理工大学	2
	山西天和煤气化科技有限公司	1

从表 3-6 可以看出，太原市企业在洁净能源领域，特别是在煤炭洁净利用方面有较多的技术积累；在煤气化技术领域，专利拥有量前十位中有 8 家为企业，拥有专利 177 项，占太原市该领域专利总数的 64.36%；在煤液化技术领域，专利拥有量前十位中有 7 家为企业，拥有专利 26 项，占太原市该领域专利总数的 48.15%。

在煤炭清洁燃烧领域，企业在循环流化床技术领域有较多的积累，核心企业为太原锅炉集团有限公司，拥有专利 31 项，占太原市该领域专利总数的 41.21%。

（四）太原市新能源产业技术创新成果不断增加

虽然太原市新能源产业起步较晚，但许多企业与科研院所在该领域已积累了较多的创新成果，包括专利与科技奖励。

1. 太原市新能源领域的专利情况

太原市新能源领域的专利主要集中于风电、核电、光伏以及生物质能等方面。

（1）风电领域的专利数量快速增加。通过在佰腾网中国专利数据库进行检索，截至 2015 年 6 月 6 日，太原市拥有风电专利 119 项，其中发明专利 50 项，实用新型 68 项，外观设计 1 项。1997~2015 年太原市风电领域专利情况如图 3-2 所示。能够真正体现技术水平的发明专利占专利总量的 42.02%，可见太原市在风电技术领域有一定的创新能力。

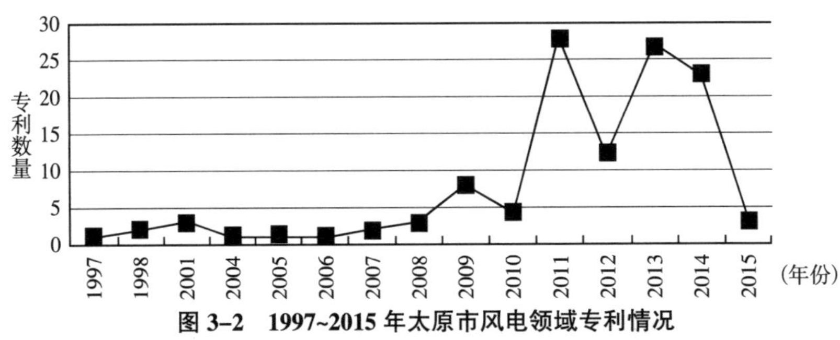

图 3-2　1997~2015 年太原市风电领域专利情况

由图 3-2 可以看出，太原市风电领域专利在 1997~2006 年期间呈水平状态，年均专利数量低于 5 件；2007~2009 年呈现缓慢增长趋势，这一变化与 2006 年《中华人民共和国可再生能源法》的颁布密切相关。《可再生能源法》颁布后，风电市场连续年增长均超过 100%。根据《可再生能源法》，预计 2020 年，可再生能源发电装机容量要达到 80~100 吉瓦，作为新能源之中技

术最为成熟的风能，其市场无疑非常广阔。

2011 年太原市风电领域专利数量达到最高点 28 件，这主要受到 2009 年我国出台的风电领域相关政策的激励，具体的政策包括：对四类风资源实行标杆电价、鼓励大容量关键设备的进口、鼓励企业自主创新、预防低水平重复性建设等。

（2）核电领域的专利总量较少。通过在佰腾网中国专利数据库进行检索，截至 2015 年 6 月 6 日，太原市拥有核电领域的专利 27 项，其中发明专利 19 项，占专利总量的 70.37%，实用新型 7 项，外观设计 1 项。1987~2015 年太原市核电领域专利情况如图 3-3 所示。

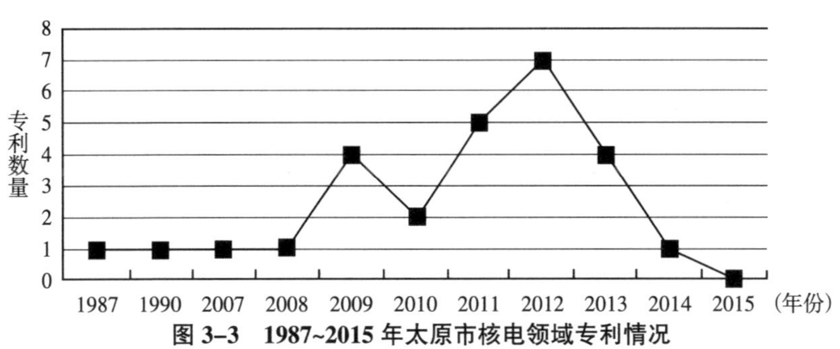

图 3-3　1987~2015 年太原市核电领域专利情况

从图 3-3 可以看出，太原市核电领域的技术创新在 2008 年之前基本属于空白；2008~2012 年专利数量呈震荡上升趋势，并于 2012 年专利数量达到最高点 7 件；2012 年之后又呈现快速下降趋势。整体来看，太原市核电领域的研发与技术创新尚处于起步阶段。

（3）光伏领域的专利数量呈波浪式上升趋势。通过在佰腾网中国专利数据库进行检索，截至 2015 年 6 月 6 日，太原市拥有光伏领域的专利 350 项，其中发明专利 150 项，实用新型 191 项，外观设计 9 项。1988~2015 年太原市光伏领域专利情况如

图 3-4 所示。相较于风电与核电领域，太原市在光伏领域拥有的专利数量较多，有一定的研发与创新能力。

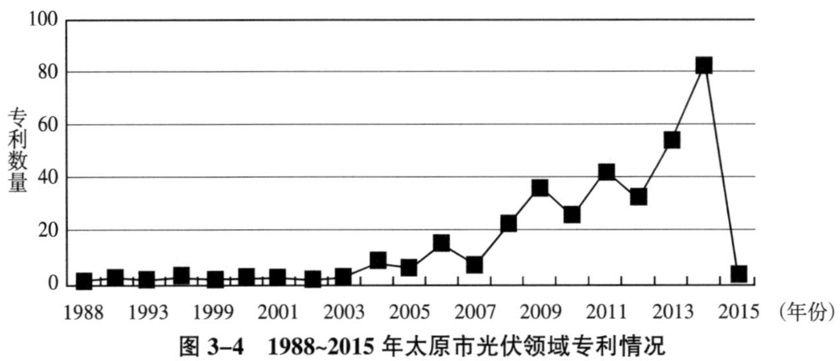

图 3-4 1988~2015 年太原市光伏领域专利情况

从图 3-4 可以看出，在 1988~2003 年，太原市光伏领域的专利数量呈水平状态，年均专利数量较少；2004~2014 年，呈现波浪式上升趋势，特别是 2012 年之后专利数量快速增加，并于 2014 年达到最高值 82 件。这一发展趋势与国家从 2012 年开始出台的一系列扶持光伏产业发展的政策有密切关系。

（4）生物质能领域的研发活动尚处于萌芽阶段。通过在佰腾网中国专利数据库进行检索，截至 2015 年 6 月 6 日，太原市拥有生物质能领域的专利 17 件，其中发明专利 8 件，实用新型 9 件。技术类别主要集中在生物质生产、燃烧设备方面。

太原市对生物质能的研究起步较晚，2010 年才有第一个相关专利，2011 年专利量大幅增加，达到 13 项，可见相关研发单位日益重视该领域的研究。

典型的专利申请者有：太原大学、太原锅炉集团有限公司、山西农机新技术服务中心与山西艾格瑞环保技术有限公司等。典型的研发产品为 2012 年 11 月太原市特石环保材料有限公司自主研发制造的秸秆生物能源工业化生产装置，该装置有效解决了长期以来生物法制沼气技术中存在的秸秆利用率低、沼气

热值不够高等难题。

（5）新能源汽车领域的研发能力有限。通过在佰腾网中国专利数据库进行检索，截至 2015 年 6 月 6 日，太原市拥有新能源汽车领域的专利 19 件，其中发明专利 7 件，实用新型 9 件，外观设计 3 件。1999~2015 年太原市新能源汽车领域专利情况如图 3-5 所示。

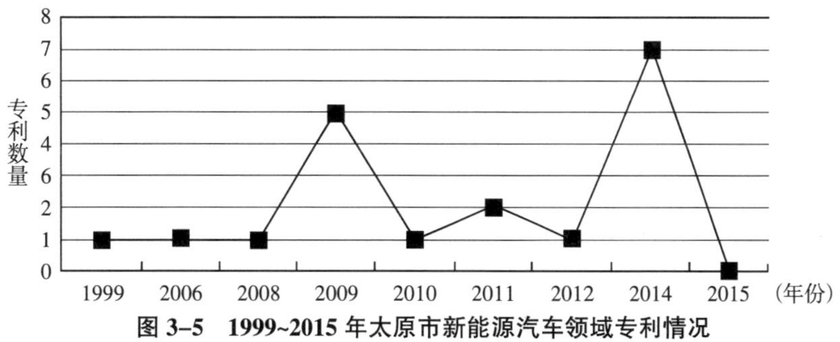

图 3-5　1999~2015 年太原市新能源汽车领域专利情况

从图 3-5 可以看出，太原市新能源汽车领域研发有两个高峰，分别为 2009 年与 2014 年，专利数量分别为 5 件与 7 件。

进一步分析这些专利的内容与技术类别，1999 年太原市就有第一个专利——“一种可产生电能的健身器”，但该专利不是专门针对电动汽车的；之后到 2006 年才有第一个专门针对电动汽车的发明专利——“八”字形汽车转向机构。2006 年以后的专利主要集中在电动汽车充电站（7 件）、电动汽车外观设计（3 件），与电动汽车直接相关的技术方面仅有充电电池专利 1 件。

由以上分析可以得到，太原市在新能源汽车研发方面尚处于起步阶段，研发基础非常薄弱，研发能力有限。该领域典型的研发单位有：国网山西省电力公司电力科学研究院（3 件）、中北大学（2 件）、太原理工大学（2 件）、中国电力科学国家电网公司研究院（1 件）、国网电力科学研究院（1 件）。

（6）热能领域专利情况。在地热能领域，太原市没有获得相关专利。该领域的典型企业是山西能源产业集团公司，主要是引进地热能领域的技术将其应用于实践活动。

2. 太原市新能源领域的科技奖励

2004~2013 年，太原市有 15 个项目获得山西省科学技术奖，获奖项目主要集中在光伏材料制备装备、风电装备、新能源供电系统方面（见表 3-7）。其中，“十二五”期间获奖项目为 6 个，这些项目分别由企业、研究所与高校独立完成。这一方面反映出太原市相关单位在装备研发方面具备一定的实力，另一方面也反映出该领域的产学研合作不紧密。

表 3-7 2004~2013 年太原市获山西省科学技术奖项的新能源项目

序号	项目名称	主要完成单位	推荐单位
2004-J-2-012	低热值煤气获得高温技术在太钢 4# 高炉的开发与应用	太原钢铁（集团）有限公司 鞍钢集团公司设计研究院	山西省冶金行业办
2004-Z-2-004	光、电催化过程在洁净技术的应用基础研究	太原理工大学	山西省教育厅
2005-J-2-062	光电式烟气排放连续监测系统	太原中绿环保技术公司	太原高新区管委会
2006-J-2-018	城市生活垃圾填埋气体放散燃烧装置	太原亚乐士新技术有限公司	太原高新区管委会
2006-J-3-041	日光温室关键技术装备试验研究	太原市农机机械学研究所 山西鼎华科技有限公司 太原市科杰实用新产品开发公司	山西省农机局
2009-J-2-001	大中型企业绿色照明系统	太原理工大学 清华大学 山西卓克节能照明科技	山西省教育厅
2009-J-2-003	核电站 190/20+190t 环行起重机研制	太原重工股份有限公司	山西机电行业办
2009-J-2-032	太阳能喷射与压缩耦合制冷技术开发	太原理工大学 太原中绿环保技术公司 太原中绿节能技术公司	山西省教育厅
2010-J-3-076	太原市光伏产业技术路线图研究	太原生产力促进中心	太原科技局

续表

序号	项目名称	主要完成单位	推荐单位
2011-F-2-003	MW 级多功能风力发电机节能控制装置	山西合创电力科技有限公司	太原高新区管委会
2011-J-2-001	1.5MW 风力发电机组研制	太原重工股份有限公司	太原重型机械集团
2011-J-3-018	DDL-450 多晶硅铸锭炉	中国电子科技集团公司第二研究所	山西省国防科学技术工业办公室
2011-J-3-034	GSL-2 全自动硅片上下料机	中国电子科技集团公司第二研究所	山西省国防科学技术工业办公室
2013-Z-2-011	新能源供电系统智能优化控制	太原科技大学	山西省教育厅
2013-J-3-049	北方日光温室观赏凤梨开花调节及产业化关键技术研究	山西省农业科学院园艺研究所	山西省农科院

（五）实施新能源产业重大项目及示范项目

太原市实施的新能源产业重大项目与示范项目主要有：

1. 新能源产业重大项目

2015 年 4 月下旬，太原市下达 2015 年第一批市级重大产业项目计划，共计 79 项，分布于第一、第二、第三产业，总投资达 1829 亿元①。其中，新能源及其配套产业领域项目 11 项，投资额为 239.93 亿元。具体的项目名称、承建单位、预计投资额、预计产值及预计利税如表 3-8 所示。

表 3-8　2015 年太原市第一批市级新能源及其配套产业重大项目

单位：亿元

项目名称	承建单位	预计投资额	预计产值	预计利税
宇星客车重组更名搬迁改造	皇城相府宇航汽车制造	14.3	25.1	4.5
燃气设备制造项目	太原煤炭氧化公司 山西华腾燃气设备公司	10.6	10	1.2
华能东山 2×F 级燃气热电联产	华能集团	30	—	—

① 太原市科技局. 我市去年实施的节能减排科技专项成效凸现［EB/OL］. http：//www.taiyuan.gov.cn/xwzxBmdt/133065.jhtml，2012-11-08.

续表

项目名称	承建单位	预计投资额	预计产值	预计利税
华润古交循环产业园区	山西华润煤业有限公司	49	8.8	2.54
太原市生活垃圾焚烧发电厂（BOT 项目）	太原环晋再生能源有限公司	7.5	1.5	0.4
娄烦天池店 5 万千瓦光伏发电	振发新能源科技公司	30	7	2
汉能太原不锈钢产业园区分布式光伏发电项目	—	5	2.5	0.2
山西省古交煤层气田邢家社区煤层气开发项目	古交市国盛恒泰煤层气开发利用有限公司	28.5	10	3
山西华阳煤气公司 4 亿 Nm^3/a 焦炉煤气制合成天然气项目	山西华阳燃气有限公司	5.4	5.8	1
古交电厂三期 2×60 万千瓦低热值煤热电项目	古交西山发电有限公司	49.7	20	3
军威新能源创新商务小区	山西军威科技有限公司	9.93	—	3

“十二五”期间，太原市在风电装备制造领域开展了许多重大的项目，具体情况如表 3–9 所示。

表 3–9　太原市风电装备制造企业项目

企业名称	项目名称	投资额（元）	预计产出
山西汾西重工有限责任公司	海洋工程装备产业生产线项目改造	3.5 亿	实现年产 180 万千瓦发电机，改造后实现销售收入 4 亿元
	风力发电机生产线建设项目	2.8 亿	实现年产兆瓦级风力发电机 200 万千瓦，改造后实现销售收入 7 亿元
太原重工股份有限公司	兆瓦级风电设备国产化技术改造项目	7 亿	实现年产 500 台 1.5 兆瓦以上风电机组，销售收入 50 亿元
	兆瓦级风力发电设备增速器技术改造项目	1.9 亿	实现年产 1.5~5 兆瓦的海陆两用风电机组增速器 500 台，实现销售收入 3.8 亿元
山西合创电力科技有限公司	年产 200 套多功能风力发电机控制装置项目	1.2 亿	实现销售收入 4.4 亿元
太原北方重工机械有限责任公司	建设年产 2000 台风力发电联轴器及增速器项目	9600 万	实现销售收入 3.5 亿元

续表

企业名称	项目名称	投资额（元）	预计产出
太原市金鸿利机械制造有限公司	研制风力发电增速机配件	2986 万	实现年产 4000 套风力发电增速机配件，改造后实现销售收入 1780 万元
太原清徐正友邦机械厂	建设风力发电机铸件生产线	3000 万	实现年产 5000 吨发电机铸件，改造后实现销售收入 6000 万元
山西创奇实业有限公司	风电配套技术改造项目	5880 万	实现销售收入 20580 万元，改后风电配套产品总产能达 1 万吨/年

太原市在新能源领域开展了许多国际科技合作项目。2009 年、2010 年，太原市共获批 6 个新能源方面的国际科技合作项目，其中 1 项科技部国际科技合作计划项目、5 项山西省国际科技合作计划项目（见表 3–10）。

表 3–10 2009~2010 年太原市获批的山西省国际科技合作计划项目

项目领域	合作项目名称
装备制造	中德合作“开发 5 兆瓦风电增速齿轮箱”项目 项目编号：2009081024 承担单位：太原重型机械集团有限公司 合作单位：RENK 公司 项目简介：本项目针对我国海上大型风力发电机组增速齿轮箱主要依赖进口的现状，与德国 RENK 公司合作，引进其 5 兆瓦风电增速齿轮箱技术。在对 RENK 的技术进行消化、吸收、转化的基础上，掌握风电增速齿轮箱的全套设计和制造技术。该产品是我国目前最大的风电增速齿轮箱。同时，以此为基础进行了二次开发，扩展应用于陆地 1.5~3 兆瓦风力发电机组的开发中，形成了具有自主知识产权的风力发电机组制造技术。截至 2010 年底，1.5 兆瓦风电增速齿轮箱已形成批量生产，2 兆瓦风电增速齿轮箱研制成功，5 兆瓦风电增速齿轮箱正在研制。项目完成后太重风力发电增速箱整体技术将达到国际先进水平。
节能减排与新能源	中加合作“MW（兆瓦）级多功能风力发电机节能控制装置的研发”项目 项目编号：2009DFA63100 承担单位：山西合创电力科技有限公司 合作单位：萨斯卡川省科技工程学院 项目简介：项目单位与加拿大萨斯卡川省科技工程学院郑德华教授合作研发“MW（兆瓦）级多功能风力发电机节能控制装置”。通过国际合作，引进了海外高层次人才和国际先进的风电控制技术，解决了现有风电控制装置存在的控制单一和成本高的技术难点，使风能利用率提高 5%，发电成本降低 10%~20%。项目申请国家发明专利 5 项，获得 1 项计算机软件著作权登记证书。该项目的成功实施不仅为公司培养了 23 名尖端科技人才，提高了公司技术中心的整体研发水平，而且提升了我国风电机组控制系统的设计能力和制造水平，推动其国产化和产业化的形成，增强国际竞争实力。目前，项目已完成样机的试制，并在内蒙古辉腾锡勒风电厂试用，总体运行稳定，各参数均达到预期指标。

续表

项目领域	合作项目名称
节能减排与新能源	中英合作“太阳能光解水制氢催化剂开发及应用”项目 项目编号：2010081019 承担单位：中国科学院山西煤炭化学研究所 合作单位：牛津大学 项目简介：与英国牛津大学合作，共同进行太阳能光解水制氢催化剂的开发及应用。通过向金属氧化物半导体晶体网络结构中引入杂原子 N、C、P 和 S 等制备杂化的金属氧化物光催化剂，通过改变合成条件来调变催化剂的粒度、比表面积和杂原子的掺杂量，考察其在不同反应条件下太阳能光解水制备氢气的效率，优化出最佳催化剂制备参数和最佳太阳能制氢工艺，探索制备参数对催化剂结构和催化剂性能的影响规律。项目完成后，催化剂在可见光照射下光解水制氢的效率大于 1 毫升/(克·小时)。
	中新（西兰）合作“带聚光器件和冷却装置的组件开发”项目 项目编号：2010081052 承担单位：山西天能科技股份有限公司 合作单位：新西兰 Sunway Energy Technology Group Limited 项目简介：针对目前光伏产业发电成本较高的问题，项目单位与新西兰 Sunway Energy Technology Group Limited 合作开发能适应市场需求的太阳能光电转换模组。利用聚光的方式把一定面积上的光通过聚光系统会聚在电池片上，将接收到的太阳能放大，从而大幅减少了太阳能电池的用量，降低了发电成本。在传统的晶体硅光伏组件上增加低倍的聚光器件及冷却装置，提高了电能输出，降低了系统成本。截至 2011 年底，已成功开发出晶体硅光伏组件，聚光系统与冷却装置正在研发论证阶段。项目完成后，光伏发电成本将降低到 0.8 元/千瓦时以下，系统转换效率在原晶体硅光伏组件系统基础上能提高 30%以上，相同规模的电站可节约土地 20%，将带动光学工程、高分子材料工程、CNC 机械加工、模压、注塑、浇铸等制造行业的发展，为光伏行业的发展提供新的技术路径。
	中瑞（典）合作“Ⅲ-Ⅴ族纳米结构光伏材料研发”项目 项目编号：2010081030 承担单位：山西中科节能减排技术研发中心 合作单位：Chalmers 大学 项目简介：与瑞典 Chalmers 大学合作，共同进行Ⅲ-Ⅴ族纳米结构光伏材料研发。主要内容为：研究 GalnP/GalnAs/Ge 高效三结合太阳能电池，使转化效率达到 25%以上，在聚焦条件下 AM1.5 效率在 30%~35%；利用 MOCVD 生长设备，采用变异技术生长 GalnP/GalnAs/Ge 太阳能电池，并在 GalnP/GalnAs/Ge 三结电池结构基础上，利用 GalnNAs 生长技术，再加入另一级带宽隙度为 1.0 电子伏特左右的 GalnNAs 子电池，充分利用太阳中 880 纳米以外的红外部分，构成四结级联太阳能电池。项目的完成对推动太阳能领域的科技进步有着十分积极和现实的意义。
	中英合作“太阳能光热制冷新技术开发及示范”项目 项目编号：2010081047 承担单位：太原中绿环保技术有限公司 合作单位：德蒙特福德大学 项目简介：与英国德蒙特福德大学能源与可持续发展学院合作开展太阳能光热制冷新技术开发及示范。利用英方技术进行喷射器设计，优化喷射器性能；建立太阳能集热实验台，优化太阳能集热与喷射制冷耦合方式；建立变速压缩与喷射耦合制冷实验台，优化喷射器与压缩机的耦合方式；在上述研究的基础上，开发 10~100 千瓦太阳能喷射与压缩耦合制冷装置，建成 4000 平方米光热制冷示范基地，节能率达 50%~60%。项目完成后，我国的太阳能喷射制冷技术将在国际上处于领先水平，并促进太阳能利用及装备制造和节能减排等相关产业的发展与技术进步，提升产业竞争力。

2015 年，太原市 10 个国家国际科技合作专项项目获得支持，经费合计 2895 万元。获批项目主要与美国、英国、德国、澳大利亚、芬兰、丹麦等国合作，涉及电子信息、装备制造、新能源、新材料、节能环保和中医药等领域。其中，6 项由企业承担，3 项由科研院所承担，1 项由医疗机构承担。[①]

另外，太原市多家企业、科研院所与英国、德国、瑞典等国合作，涉及风电装备制造、风力发电机节能控制装置、太阳能光热制冷新技术、太阳能光解水制氢催化剂、光伏材料研发、太阳能光电转换模组。

2. 新能源产业示范项目

太原市开展了多项新能源产业示范项目，以促进新能源产业的发展。

2004 年，国瑞苑原生污水源热泵工程采用原生污水源，为 15 万立方米建筑物供冷、供热、供生活热水，年可节约标准煤 1 万吨、节约自来水 8 万吨、节电 135 万度，达到节能 50%~55%；该项目每年可减排二氧化硫 300 吨、减排颗粒物 6400 吨；年少排炉渣 2800 吨、废水 600 吨，避免了传统运行设备噪声及烟尘的污染。晋瑞苑小区所采用的土壤源热泵技术取代了传统的燃煤锅炉、燃气锅炉、电锅炉。作为一种最经济、最环保的供暖和供冷方式，该项技术节能环保，运行成本低，有着极佳的经济效益和社会效益。

2007 年，太原市将 106 个项目列入年度科技发展计划的节能减排技术研发项目，支持经费 2100 余万元。其中，太原市十二中太阳能游泳池供热水系统比用煤气加热水温年节省费用约

---

① 太原市科技局. 我市 10 个项目获得国家国际科技合作专项支持［EB/OL］. http://www.taiyuan.gov.cn/xwzxBmdt/285088.jhtml，2015-04-17.

60万元；国瑞苑大厦采用原生污水水源热泵技术为用户夏季供冷、冬季供暖，并全年提供热水，比常规能源每年节省1万吨标准煤，减排二氧化硫300吨，取得了理想的环保效益和经济效益。[①]

（六）拥有丰富的发展新能源产业所需的自然资源

自然资源是发展新能源产业的基础条件。太原市不仅拥有丰富的煤炭资源，而且拥有丰富的太阳能、水能、风能、地热能、生物质能等可再生能源，非常适合发展新能源产业。

太原市境内山区较多，风速比较大的高山区、存在狭管效应的山谷、风口等地形也比较多。另外，太原风场具有极大风速低、无台风、无盐雾、极端低温高、电网分布均匀等诸多优势。

太原市全年太阳能总辐射量介于 5.02×10^9~6.11×10^9 焦/平方米，平均在 5.44×10^9 焦/平方米以上，相当于186千克标准煤燃烧所发出的热量。

太原市地热田主要分布于三给地垒以南的盆地，分布面积586.75平方公里，地热资源总量为 1498.79×10^{13} 千焦（折合标准煤为 51153.24×10^4 吨）；存储地热水总量 39.83×10^8 立方米（存储地热水所含总热量 66773.44×10^{10} 千焦，折合标准煤为 2278.96×10^4 吨），可采地热水量 99575×10^4 立方米。

太原市拥有丰富的生物质能资源，包括农作物秸秆、薪柴、禽畜粪便、酿造企业有机废弃物和城市固体有机垃圾等。2015年，太原市农作物秸秆生产量达到100万吨。另外，水塔、紫林两大食醋酿造企业以及清徐葡萄酒及白酒酿造企业每年也会产生大量的固体废弃物（醋糟、酒糟）。

综上所述，太原市现有资源特别适合发展风能、太阳能、

① 太原市科技局. 我市去年实施的节能减排科技专项成效凸现［EB/OL］. http：//www.taiyuan.gov.cn/xwzxBmdt/133065.jhtml，2012-11-08.

地热能以及生物质能等新能源产业。

（七）太原市西山生态产业园区入选国家新能源示范园区

2008 年，太原市做出了西山地区综合整治的战略决策，以建设西山生态产业园区作为太原市率先发展的突破口、增长极，利用国家赋予的先行先试的优惠政策，以生态建设为抓手，推动新能源产业的发展。

2015 年 7 月 15 日，国家能源局同意山西省太原市西山生态产业园区创建国家新能源示范园区。入选新能源示范园区后，西山生态产业园区将把开发利用新能源与资源型城市转型、旅游业开发相结合，积极推进太阳能、生物质能和地热能等新能源的综合利用。预计到 2020 年，新能源占园区能源消费的比重将达到 56%，年替代标准煤 49 万吨。

二、太原市新能源产业发展的劣势

太原市新能源产业发展的劣势主要体现在以下几个方面：

（一）太原市新能源产业基础薄弱

2014 年太原市实现总产值 2362.1 亿元，工业增加值 647.24 亿元。各行业工业增加值占比分别为：装备制造业 41.6%、冶金 20.5%、煤炭 14.9%、食品 7.7%、化工 2.8%、炼焦 1.7%、电力 2.2%、轻纺 0.7%、建材 1.4%、医疗 0.2%、其他行业 6.3%。

分析现有的产业统计数据发现，其中尚未列出新能源产业的发展状况，向山西省统计局询问缘由，得到：由于对新能源产业统计的口径不统一，且山西省以及太原市新能源产业发展规模小，故山西省统计局没有开展新能源领域的相关统计。

结合前面的分析可以得到，生物质能发电、水力发电与太阳能发电是太原市新能源的主要利用形式，新能源消耗量仅占能源消耗总量的 0.62%。产业规模小、企业数量少，是太原市新能源产业发展的现实情况。

（二）企业研发与创新能力不足

通过对太原市新能源产业技术创新成果的分析可以得到，太原市在风电、光伏领域有一定数量的专利，但研发能力有限，与东部沿海发达地区有很大的差距；太原市在核电、生物质能与新能源汽车领域的研发尚处于萌芽阶段，专利数量少，涉及的技术类别为非核心技术，从事研发活动的企业数量也很少。因此，太原市在这些领域的研发与创新能力明显不足。

（三）扶持新能源产业发展的政策有限

2012 年 11 月，山西省财政厅发布消息，动用 3500 万元财政资金鼓励和支持中小企业开展技术创新，重点支持方向为电子信息技术创新、新材料技术的研发和利用、新能源及节能技术的研发和利用等多个方面。由于扶持资金有限，而需扶持的项目较多，落实在新能源产业上的资金远远不能满足研发需要。

虽然太原市于 2014 年出台了促进光伏产业发展的实施意见，但存在扶持方案不具体、支持力度不明确等问题。同年也出台了一系列扶持新能源汽车产业发展的政策，如在新能源汽车生产、购置、使用等方面提供补贴，对充电设施建设提供财政奖励等；普通消费者购买新能源汽车也可获得补贴；纳入中央财政补贴范围的新能源汽车车型是符合要求的纯电动汽车、插电式混合动力汽车和燃料电池汽车；补助标准依据新能源汽车与同类传统汽车的基础差价确定：纯电动客车最高补贴资金为 5 万元（其中，电动客车补贴 5 万元，电动轿车补贴 2 万元，电动专用车补贴 1 万元，燃气重卡与甲醇客车补贴 1 万元），插电式混合动力乘用车最高补贴资金为 3.5 万元；购车时，消费者按销售价格扣减补贴后支付价款等。但是可以发现，这些政策主要针对的是需求端，对研发机构的创新活动影响较弱。缺少对

企业研发活动的具体支持，如经费投入方式和渠道、研发和产出效率、研发人力资源来源、配套服务水平等方面的扶持政策。

（四）区域产业配套能力弱，系统集成水平低

产业配套能力是指产业发展过程中的支撑体系和协作环境，既包括具有上下游经济联系的产业之间的协调发展能力，也包括能够为产业发展提供市场化应用的配套基础设施。

新能源产业的发展同样需要相关的支撑体系和协作环境。例如，国家鼓励发展分布式发电，需要配套的智能电网、储能技术等；发展新能源汽车产业就需要配套的充电设施。从太原市现有的发展情况来看，这些配套的技术研发以及设施尚处于空白。

新能源的利用不仅是单一的产品，更应该是一个新能源系统的集成，如太阳能可以做采暖，可以做制冷，可以做发电，可以在工业中进行应用，也可以应用于农业做干燥和烘干处理、温室大棚等；微网分布式新能源储能系统是由分布式电源、储能系统、能量转换系统、相关电力负荷、保护装置汇集而成的小型发、配、储、输、送的用电系统，可以实现就地发电、就地转换存储、就地发送，通过采取变大为小、化整为散的模式而实现能源的高效集成。而现阶段太原市缺少对新能源的系统集成利用。

因此，太原市未来需要重视新能源产业发展所需要的配套技术的研究以及配套基础设施的建设。

（五）缺乏新能源领域的核心技术

太原市在风电、光伏领域有一定数量的专利，但研发能力有限，与东部沿海发达地区相比有很大的差距；太原市在核电、生物质能与新能源汽车领域的研发尚处于萌芽阶段，专利数量少，涉及的技术类别为非核心技术，从事研发活动的企业数量

也很少。这会极大地限制太原市新能源产业的发展。因此，太原市未来需要增加对新能源领域技术创新的支持力度，多渠道增加研发经费投入，在核心企业建立新能源领域的技术研发中心，由核心企业牵头联合多家有技术优势的企业成立新能源产业技术联盟。

（六）太原市科技金融服务水平落后

新能源产业的发展需要企业投入大量的研发资本，同时新能源技术要实现产业化也需要大量的配套设备资金。以光伏发电与风电为例，95%以上的光伏发电与风电设备需要从国外进口，价格比较昂贵，辅助工程投资会占总投资的10%左右。因此，新能源产业的发展不仅需要政府有充足的财力作支撑，而且需要有多种融资方式以获得社会资金的支持。但现阶段太原市没有开展金融创新以及科技金融方面的工作，不能有效地满足新能源产业发展对资金的需求，从而极大地限制了新能源产业的发展。

第三节　太原市新能源产业发展的战略方向选择

通过对太原市新能源产业发展现状的研究，明确了太原市新能源产业发展所处的阶段，进而确定太原市新能源产业的发展方向。但在选择新能源产业发展方向时会受到许多因素的影响，可以通过SWOT分析，找出主要的影响因素，选出适宜的可选战略，然后确定太原市新能源产业发展的战略方向。

一、太原市新能源产业SWOT分析

SWOT是“优势（Strength）—弱势（Weakness）—机会

(Opportunity) —威胁 (Threat)" 的英文缩略语。SWOT 分析就是指组织或区域在选择战略时，对其内部的优势、劣势和外部环境的机会、威胁进行综合分析，据此对备选的战略方案做出系统的评价，最终选出适宜的战略。

通过本章第一节与第二节的分析，可以总结出太原市新能源产业发展的 SWOT 分析，如表 3-11 所示。

表 3-11　太原市新能源产业 SWOT 分析

发展新能源的潜在机会 1. 全球气候变暖，环境污染加剧 2. 世界各国争相发展低碳经济 3. 世界不可再生能源枯竭 4. 国家重视新能源产业的发展 5. 国家对山西经济转型发展的支持 6. 其他国家和城市发展的成功经验 7. 山西省产业结构优化升级，大力发展非煤产业 8. 山西科技创新城的建设 9. 山西省扶持新能源产业的政策	危及新能源发展的潜在威胁 1. 国内同业竞争加剧 2. 新能源产品差异化加大 3. 山西省经济、文化与制度环境差 4. 山西省 "一煤独大" 的产业结构
潜在的优势与竞争能力 1. 太原市高校与科研机构密集 2. 有一定的新能源产业基础 3. 拥有一批先进的新能源骨干企业 4. 新能源领域技术创新成果不断增加 5. 太原市西山生态产业园区入选国家新能源示范园区 6. 实施新能源重大项目与示范工程 7. 拥有丰富的风能、太阳能、地热能等资源	潜在的劣势与竞争缺陷 1. 太原市新能源产业基础薄弱 2. 企业创新能力不足 3. 区域新能源产业配套能力弱、系统集成水平低 4. 缺乏扶持新能源产业发展的创新举措 5. 太原市科技金融服务水平落后 6. 缺乏新能源领域的核心技术

二、太原市新能源产业 TOWS 分析

TOWS 分析与 SWOT 分析的联系非常密切。TOWS 就是在 SWOT 的基础上，选取影响力较大的关键性因素，按照 "优势—机会"、"劣势—机会"、"优势—威胁" 和 "劣势—威胁" 的排列组合，考虑在不同的情境之下应当选取何种战略。

根据 SWOT 分析，选取前三位对太原市新能源产业影响最大的因素，对太原市新能源产业进行 TOWS 分析，其分析结果如

表 3-12 所示。

表 3-12 太原市新能源产业 TOWS 分析

	优势（S） 1. 太原市高校与科研机构密集 2. 拥有一批新能源骨干企业 3. 拥有丰富的风能、太阳能与地热能资源	劣势（W） 1. 区域新能源产业配套能力弱，系统集成水平低 2. 缺乏新能源领域的核心技术 3. 太原市科技金融服务水平低
机会（O） 1. 山西省给予太原新能源产业发展的扶持政策 2. 山西省产业结构优化升级，大力发展非煤产业 3. 太原市高校与科研机构密集	SO 战略 ➤充分利用太原市高校与科研机构的研发能力，将太原市建设为新能源产业技术研发的总部 ➤依托先进的新能源骨干企业，建设风能、太阳能与煤层气装备制造产业基地 ➤以山西省发展非煤产业为契机，建设新能源汽车产业基地 ➤利用山西省扶持新能源产业的政策，优先发展风力、太阳能与生物质能发电	WO 战略 ➤利用山西省扶持新能源产业的政策，大力支持新能源产业发展所需的配套中小企业，建设新能源产业发展所需要的基础设施 ➤利用省城科技创新的研发资源，对风电、太阳能与新能源装备制造领域的核心技术及配套技术进行研发与攻关 ➤利用新能源产业发展政策，推动科技金融改革与创新，拓宽新能源产业融资渠道
威胁（T） 1. 国内同行业竞争激烈 2. 山西省稳固的“一煤独大”的产业结构 3. 新能源产品差异化需求加大	ST 战略 ➤充分利用中北大学 3D 打印技术优势，开展煤基低碳领域的设备再制造 ➤利用高校与科研机构的研发能力，加大新能源领域新技术研发 ➤利用骨干企业的技术与生产优势，开发风电、太阳能与生物质能领域的新产品	WT 战略 ➤选择重点扶持的新能源产业 ➤建立完善的融资体系 ➤加大新能源重点领域核心技术研发，实现产品差异化

三、太原市新能源产业发展的可选方向

进入 21 世纪，世界各国争相发展新能源产业，积极抢占新能源领域的技术制高点，我国东部沿海发达地区也已加入其中。太原市作为地处内陆的欠发达城市，资源和环境约束更为严酷，应该顺应新的发展潮流，大力发展新能源产业，以实现产业转型升级。太原市新能源产业应依托太原市产业发展进行战略定位。

（一）太原市新能源产业发展的战略要点

从 TOWS 分析来看，确定太原市新能源产业的战略选择要考

虑以下几方面的要素：

（1）区域建设的战略目标：将太原市建设为省域内新能源产业技术研发总部；风能、太阳能与煤层气装备制造产业基地；新能源汽车产业基地。

（2）技术研发方向：加大新能源重点领域核心技术研发，尤其是风电、太阳能与新能源装备制造领域的核心技术攻关；开发风电、太阳能与生物质能领域的新产品。

（3）重点发展领域：选择重点扶持的新能源产业；优先发展风力、太阳能与生物质能发电；充分利用中北大学 3D 打印技术优势，开展煤基低碳以及新能源领域的设备再制造。

（4）产业配套服务：大力建设新能源产业发展所需的配套技术与基础设施；推进科技金融服务创新，扩展新能源产业发展融资渠道，建立完善的产业融资体系。

（二）太原市新能源产业发展的战略方向

综合分析太原市发展新能源产业的影响因素和相关条件，结合太原市新能源产业的 TOWS 分析、太原市新能源产业战略方向的要素，参考其他省市新能源产业战略方向研究的科学成果和有益经验，可以将太原市新能源产业的战略方向确定为：

围绕“低碳、创新、智慧”的城市建设目标，面向国际与国内市场需求，以特色化、规模化为方向，以良好的创新体系与投资环境为支撑，以集聚产业资源要素为途径，有限项目、重点突破；发挥骨干企业的带动作用，以风电、光伏、生物质能、煤层气领域装备制造，洁净能源开发利用等产业为核心，积极开拓地热能、新能源汽车、核能等领域，培育一批拥有自主知识产权、具有较大市场份额的高附加值产品，促进新能源产业集聚，形成完善的产业生态网络，使新能源产业成为太原市经济转型发展的战略先导产业和未来经济发展的支柱产业。

第四章　太原市新能源产业发展的要素体系分析

通过提供区域新能源产业发展所必需的要素体系，不仅可以扩大区域新能源产业的规模，而且可以提高区域新能源产业的竞争力。

第一节　钻石模型概述

迈克尔·波特于 1990 年提出的钻石模型可以解释一个国家的产业或企业如何获得竞争优势。因此，借鉴钻石模型，可以分析区域新能源产业的竞争优势，总结出提高区域新能源产业竞争优势需要具备的要素体系。

一、波特的钻石模型

钻石模型是分析国家和地区竞争力的宏观分析工具，是由四大基本要素和两个辅助要素为支撑点，彼此相互作用组成的动态竞争模式。钻石模型（见图 4-1）的四大要素为：生产要素、需求条件、相关及支持性产业，以及企业的战略、结构和竞争对手。这些要素创造了企业竞争的一个基本环境，每个要素都会决定产业国际竞争优势的形成。两个辅助要素为：机会

和政府。

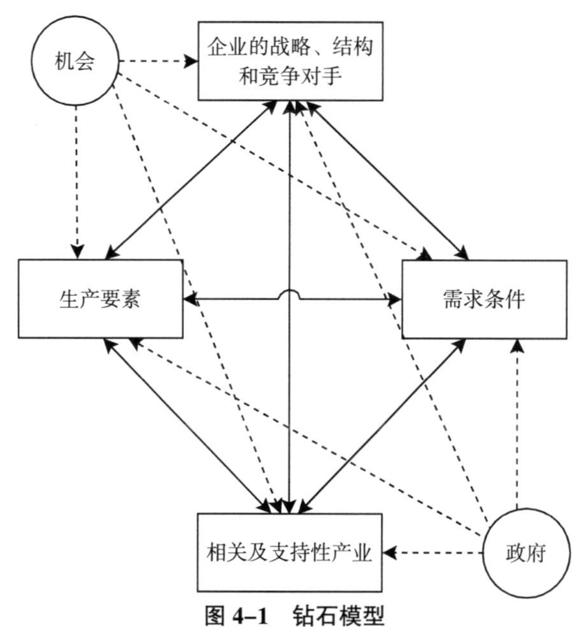

图 4-1　钻石模型

（一）基本要素

钻石模型的基本要素包括生产要素、需求条件、相关及支持性产业，以及企业的战略、结构和竞争对手。

1. 生产要素

生产要素是一个国家在特定产业竞争中有关生产方面的表现。生产要素包括人力资源、天然资源、知识资源、资本资源和基础设施。在分析的过程中，生产要素有两种分类：一类为初级生产要素和高级生产要素；另一类根据生产要素的专业程度分为一般性生产要素和专业性生产要素。一般而言，第一种分类中的高级生产要素多具有专业化的倾向。

生产要素对产业国际竞争力会产生重要的影响，但波特认为能创造出生产要素的机制远比拥有生产要素的程度重要。一个国家想要经由生产要素建立起产业强大又持久的竞争优势，必须发展高级生产要素和专业性生产要素。

2. 需求条件

需求条件反映了本国市场对该项产业所提供产品或服务的需求情况。由于母国市场对每一种产业都具有影响力，因此内需市场借助其对规模经济的影响力而提高了效率。同时，本国的预期需求可能催生产业的国家竞争力，而市场规模和成长模式则有强化竞争力的效果。

3. 相关及支持性产业

相关及支持性产业的存在为国家竞争优势提供了一个优势网络。该网络通过由上而下的扩散流程和相关产业内的提升效应而形成。因此，特定产业的相关及支持性产业是否具有国际竞争力，对促进和增强产业的国际竞争优势具有重要意义。

4. 企业的战略、结构和竞争对手

企业的战略、结构和竞争对手是企业在一个国家的基础、组织和管理形态，以及国内市场竞争程度的表现。企业怎样创立、组织和管理，国内竞争程度如何，是决定其竞争力的重要因素。

（二）辅助要素

钻石模型的辅助要素包括机会与政府。

1. 机会

机会一般与产业所处的国家环境无关，也并非企业内部的能力，甚至不是政府所能影响的。但引发机会的事件一旦出现，产业能否借助这些事件的影响形成和提升产业的竞争优势就非常重要。尤其是发明创造活动的突破、重大技术非连续性的进展（如微电子技术、生物技术等新技术的出现）、生产成本突然提高（如能源危机）、全球金融市场或汇率的重大变化（如金融危机）、外国政府的政治决策以及战争、自然灾害等突发事件等

这些机会形成了产业的不连续性，能够解散或重塑产业结构，为一国企业代替另一国企业获得竞争优势提供了可能。

2. 政府

政府与其他关键要素之间的关系既非正面，也非负面。政府和其他关键要素之间具有互动关系。一方面，政府的补贴、教育和资金等政策会影响到生产要素，政府也能对上游和相关产业环境产生影响；另一方面，政府的政策也受到环境中其他关键要素的影响。

二、综合双钻石模型

综合双钻石模型是对波特钻石模型与双钻石模型研究框架的进一步修正。综合双钻石模型（见图 4-2）认为，对于小国产业而言，其资源和市场不仅在国内，更多的是依赖于国际市场。因此，其国家竞争有时部分依赖于国内的钻石体系，有时部分依赖于与产业相关的全球钻石体系。

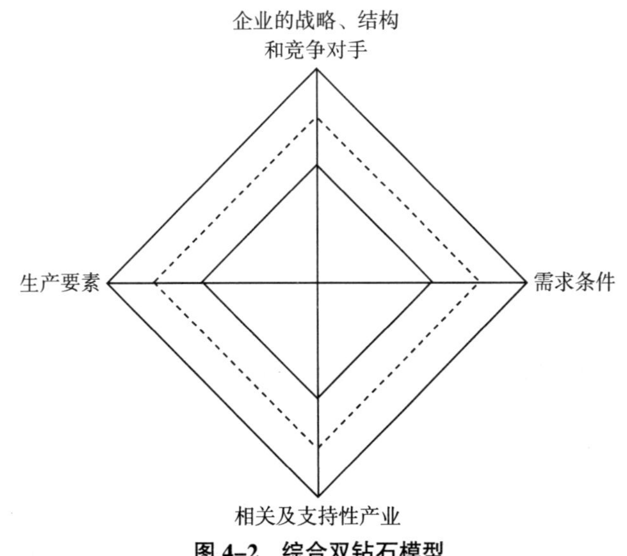

图 4-2 综合双钻石模型

综合双钻石模型图中的外边代表全球钻石体系，而内部则代表国内的钻石体系。全球钻石体系的大小在一个可以预见的时期内是固定的，但是国内钻石体系的大小是随着国家的规模和其竞争力而改变的。在国内钻石体系和全球钻石体系之间的虚线钻石体系代表着由国内和国际参数决定的国家竞争力。国际钻石体系和国内钻石体系之间的距离代表了国际或多国的活动，多国的活动包括双向的外部直接投资。

在综合双钻石模型中，国家竞争力被定义为企业在某一国家的某一产业从事价值增值活动，并且这种活动在国际竞争的条件下仍可以长时间维持其价值增值。

由于综合双钻石模型中提出一国某产业的竞争力不仅考虑国内情况还要考虑国际情况，因此，可以借鉴综合双钻石模型，分别从国际以及国内两个环境来分析某一特定区域产业的竞争力。

第二节　基于钻石模型的太原市新能源产业发展的要素体系

新能源产业发展要素体系指在产业层面，由新能源企业以及为新能源产业发展提供沟通、服务与保障活动的组织及机构所组成，以促进新能源产业发展为目的，按照一定的运行机制运作的整体。

一、太原市新能源产业发展的要素体系框架

借鉴钻石模型中提出的提高产业竞争优势的生产要素、需求条件、相关及支持性行业以及企业战略等要素，结合双钻石模型的分析思路，构建基于钻石模型的太原市新能源产业发展

要素框架，如图 4-3 所示。

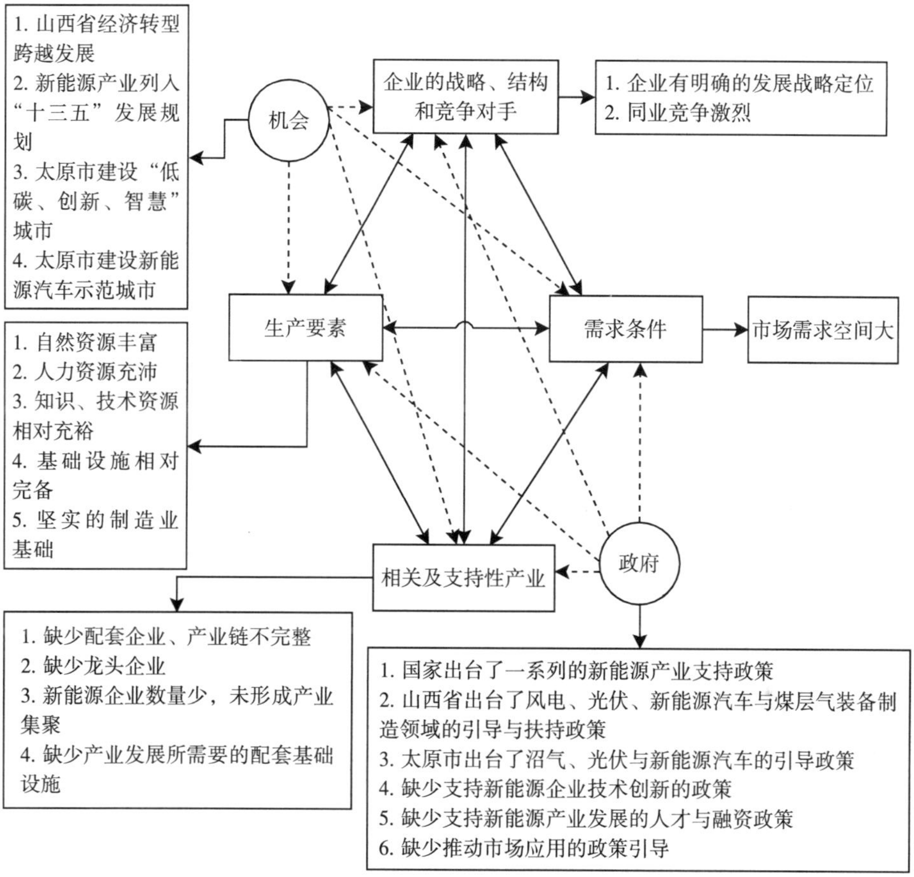

1. 山西省经济转型跨越发展
2. 新能源产业列入“十三五”发展规划
3. 太原市建设“低碳、创新、智慧”城市
4. 太原市建设新能源汽车示范城市

机会

企业的战略、结构和竞争对手

1. 企业有明确的发展战略定位
2. 同业竞争激烈

生产要素

需求条件

市场需求空间大

1. 自然资源丰富
2. 人力资源充沛
3. 知识、技术资源相对充裕
4. 基础设施相对完备
5. 坚实的制造业基础

相关及支持性产业

政府

1. 缺少配套企业、产业链不完整
2. 缺少龙头企业
3. 新能源企业数量少，未形成产业集聚
4. 缺少产业发展所需要的配套基础设施

1. 国家出台了一系列的新能源产业支持政策
2. 山西省出台了风电、光伏、新能源汽车与煤层气装备制造领域的引导与扶持政策
3. 太原市出台了沼气、光伏与新能源汽车的引导政策
4. 缺少支持新能源企业技术创新的政策
5. 缺少支持新能源产业发展的人才与融资政策
6. 缺少推动市场应用的政策引导

图 4-3 基于钻石模型的太原市新能源产业发展要素框架

二、太原市新能源产业发展的基本要素分析

太原市新能源产业发展的基本要素有：生产要素，需求条件，相关及支持性产业，企业的战略、结构和竞争对手。

（一）生产要素

生产要素是指太原市新能源产业所拥有的生产要素状况，可以分为初级生产要素和高级生产要素两类。初级生产要素是自然赋予的结果，包括自然资源、气候、地理位置、人口统计特征；高级生产要素是个人、企业以及政府投资的结果，包括通信基础设施、复杂和熟练劳动力、科研设施以及专门技术知识。

政府在基础教育和高等教育的投资效果，以人口的专业技能和知识水平提高表现出来。刺激和鼓励在高等教育与科研机构的高级研究，将能极大地提高新能源产业的高级生产要素质量。

发展新能源产业所需的初级生产要素方面，太原市具有相对比较优势，如前文所分析，太原市拥有丰富的太阳能、风能、地热能以及生物质能等自然资源，气候条件适宜，处于关键的地理位置等。

发展新能源产业所需要的高级生产要素方面，太原市在省域范围内拥有比较优势，如太原市集聚了山西省内 85%左右的高校与科研院所，知识资源相对丰富；太原市积累了大量的新能源技术创新成果，技术资源比较充裕；太原市作为省会城市，基础设施建设相对完善。

太原市部分高级生产要素的拥有水平与东部沿海省会城市相比仍有明显差距，如作为工业聚集地，太原在复杂和熟练劳动力供给方面相对丰裕，但科研配套设施和高级技术人才相对欠缺，需要增加对这些高级生产要素的投资，以适应新能源产业发展的需求。

新能源产业属于高技术密集、高资本密集的产业，在技术研发过程中具有投入高、难度大、风险大的特点。因此，要真正突破技术上的“瓶颈”、实现大规模生产，必须投入大量的资金。现阶段对太原市相关新能源企业与科研院所的调研显示，在新能源产业领域的基础技术研发、配套技术研发、关键零部件与材料的研发等方面的资金投入少，很难支撑新能源产业的发展壮大。因此，需要通过财政资金支持、金融创新等方式引

导社会资金进入新能源领域。

（二）需求条件

需求条件是指太原市新能源产业的产品或服务的区域以及国内需求性质。区域以及国内新能源产品需求的特点对塑造新能源产品的特色、促进企业技术革新和提高产品质量起着非常重要的作用。如果区域以及国内新能源产品的需求者是成熟的、复杂的和苛刻的，会迫使新能源企业努力进行技术研发，提高产品质量，增加产品创新。

不论从区域市场还是国内及国际市场来看，新能源都有广阔的市场应用前景。首先，新能源领域技术进步加快，研发成果不断增加，为新能源产品实现产业化提供了技术支撑；其次，新能源领域的产业化进程突飞猛进，可以实现新能源产品规模化生产，降低成本；最后，消费者环保意识显著提高，随着环境的恶化、消费者素质的提高，越来越多的消费者在消费过程中更加注重环境保护（刘东霞，2012）。有环保观念的消费者更愿意使用对环境污染小的洁净能源，如甲醇燃料、乙醇燃料、天然气与煤层气；会选择购买新能源产品，如燃气、电动等新能源汽车；会支持社区建设光伏分布式发电站。

但从整体来看，新能源产品的市场需求尚未得到充分开发。这主要是由于消费者的环保意识相对较弱，更加认可价格低的产品。因此，现阶段新能源产品需求仍旧是政府主导的市场需求，需要从政府引导、消费限制以及环境营造等方面做工作，以开发新能源产品的市场需求。新能源产品市场需求的特点，要求区域能够提供更加洁净、节能、便宜的新能源产品。

另外，国家政策层面也提出了对区域发展新能源产业的政策要求，国家《能源发展战略行动计划（2014~2020）》中明确提出到2020年非化石能源占一次能源消费的比重达到15%。这就要求区域大力发展新能源产业，转变能源消费比例，增加新能源消费量，以实现国家绿色低碳的战略目标。

（三）相关及支持性产业

新能源产业是一个与其他产业关联度很强的产业。如发展光伏发电与风电，不仅需要光伏发电与风电装备制造，更加需要配套的智能电网装备产业；发展新能源汽车，不仅需要有汽车工业基础，更加需要配套的充电桩、加气站以及清洁燃气等基础设施。这一方面表明新能源产业的发展可以带动其他产业的发展；另一方面也表明新能源产业的发展需要许多相关产业做基础性的支撑。因此，新能源产业的发展与相关产业的发展是相互制约、相互促进的，要实现新能源产业规模化发展，相关产业的成熟度是非常重要的因素。

太原市新能源产业尚未形成完整的产业链，更没有形成产业集聚。

太阳能光伏领域，只有在硅片生产、分布式电站施工、光伏产品销售等环节有一定的竞争能力，而缺少光伏装备制造、多晶硅、晶体硅、太阳能电池与太阳能电池组件等环节的生产以及储能技术的研发与产业化。

风力发电领域，在发电机、齿轮箱、塔筒等环节有一定的竞争能力，典型的生产企业包括太原重工集团有限公司、中船重工电机科技股份有限公司。但是缺少叶片、偏航变桨减速器、智能控制、变流器以及风资源评估规划设计、风电场并网运维等方面的配套生产与服务。

新能源汽车领域，山西省从事电动汽车及配套用动力电池、电机、电控设备等研发、生产的企业有 10 余家，其中，从事电动汽车生产的企业有 8 家。而落户在太原的仅有山西皇城相府宇航汽车制造有限公司，配套的动力电池与电机企业仅有山西

华夏动力科技有限公司。另外，在电动汽车基础设施配套方面，太原市尚未形成覆盖面广、方便有效的汽车充电网络，仅有的几十个公用充电桩也早已老旧残破，难以工作。山西省也在积极推进甲醇汽车的产业化进程，包括甲醇汽车销售补贴、优先在现有加油站布局甲醇加注设施等。但通过对山西新源煤化燃料有限公司的调研发现，太原市以及山西省均没有支持甲醇燃料生产企业发展的相关政策，同时按照《国务院关于实施成品油价格和税费改革的通知》（国发〔2008〕37号）规定，甲醇汽油中的甲醇需要缴纳消费税，甲醇含量越高则需缴纳的消费税越高，极大地挫伤了企业的积极性。[①]

（四）企业的战略、结构和竞争对手

企业的战略、结构和竞争对手是指企业如何创造、组织和管理，以及企业之间竞争的状态。企业作为新能源产业的个体，具有不同的资本条件、管理模式、组织形态、发展目标及产权结构，企业的运营模式不仅与其所处的产业性质有关，而且受到市场环境的影响。

企业制定的战略方向，决定了企业可以实现的高度与可持续发展能力。通过对相关企业的调研发现，企业的发展水平与企业的战略息息相关，发展越好的企业，其战略定位与发展方向越明确。

企业的组织结构反映了企业应对外部环境变化的能力，随着外部环境的复杂化程度加剧，要求企业设立能够及时应对外部环境变化的组织结构。通过调研发现，发展水平越好的企业，其组织结构越倾向于采取层级少的扁平式组织结构。

波特认为，只有在充分竞争的市场环境中，企业才具有不

① 关于消费税对山西省甲醇燃料行业的影响分析见附录四。

断改革创新的动力，落后企业终被淘汰，优质企业持续壮大，最终形成有竞争力的产业。现阶段，国内新能源产业竞争激烈，我国有200~300家太阳能电池制造企业、40~50家晶硅制造商、70多家风电制造商、38家新能源客车生产企业、97家具备新能源汽车批量生产能力的企业。激烈的竞争给新能源企业带来创新、改进质量、降低成本、持续投资以提升高级生产要素水平的压力，从而导致企业战略调整与企业技术进步。

光伏产业激烈的市场竞争迫使许多企业积极转变成本结构与发展战略。2006~2009年光伏硅片市场需求量大、供应紧张，于是在2010年和2011年，许多第三方供应商以及领先光伏组件供应商迅速扩大硅片产能。光伏硅片产能的快速扩张造成了全球性的供过于求，光伏硅片价格急速下跌，2012年第一季度，光伏硅片的平均价格在一年的时间内下跌幅度超过70%。随之而来的是多晶硅、电池和组件的平均价格也纷纷跳水，2012年第一季度平均价格较上一年分别下跌了48%、57%和44%。戏剧性的价格暴跌造成了光伏产业内许多企业亏损严重，一些没有及时进行战略方向调整的企业纷纷倒闭（如2012年浙江有40余家中小光伏企业倒闭），那些及时调整战略方向、及时推出新产品的企业则在市场洗牌中存活了下来。

现阶段，太原市新能源企业数量十分有限，研发与生产的骨干企业主要是国有大型企业，区域内新能源企业未能形成充分的竞争，不利于新能源企业创新能力的提高与发展战略的制定。

三、太原市新能源产业发展的辅助要素分析

影响新能源产业发展的两个辅助因素是机会与政府。

（一）机会

机会可以影响生产要素，需求条件，相关及支持性产业与

企业的战略、结构和竞争对手等基本要素发生变化。机会其实是双向的，它往往在新的竞争者获得优势的同时，使原有的竞争者优势丧失，只有能满足新需求的厂商才能有发展机遇。

在前文中详细分析了太原市新能源产业发展所面临的机会，主要包括全球环境变暖与传统资源减少、我国支持新能源产业发展与山西经济转型、山西省具备了发展新能源产业的基础等。新能源产业可以解决化石资源枯竭、环境恶化等问题，具有极大的发展潜力与机会，这对太原市发展新能源产业是很好的机遇。但同时也可以看到，这一机遇也为国内其他地区发展新能源产业提供了契机。因此，如何抓住这一机遇是太原市新能源企业以及政府需要认真考虑的问题。

（二）政府

政府只是提供新能源企业所需要的资源，起一种催化和激发企业创造欲的作用，创造产业发展的环境。政府直接投入的应该是企业无法行动的领域，如发展基础设施、开放资本渠道、培养信息整合能力等。

政府可以通过政策影响新能源产业发展所需要的生产要素供给、需求条件变化以及相关及支持性产业发展。尤其是国家政策导向、省域政策导向对新能源产业的发展有重要的影响，前文中详细分析了国家支持新能源产业发展的政策情况，以及山西省支持新能源产业发展的政策情况。国家出台了相对完善的新能源产业发展政策，对引导新能源产业发展起到了重要的作用，但山西省支持新能源产业发展的政策相对较少，不利于区域新能源产业的发展。

无论是增加资源要素、改善需求条件还是强化相关及支持性产业发展方面，太原市出台的扶持新能源产业发展的政策非常有限，未能发挥激发新能源企业创造欲的作用，政策引导作用没有体现。虽然将新能源产业发展所需要的配套设施，如充电桩、加气站等列入了建设规划，但现阶段尚没有开展新能源产业发展所需要的基础设施等方面的建设工作。

四、太原市新能源产业发展要素的培育方向

根据钻石模型可以得到，发展区域新能源产业是一个动态的、双向强化的系统，任何一个要素作用的发挥程度取决于其他要素的状况。例如，良好的需求条件并不能导致竞争优势，除非竞争的状态已达到促使产业内企业对其做出反应的程度。

高级生产要素对提升产业竞争能力的作用显著高于初级生产要素，当产业初级生产要素不占有优势时，可以积极投资于高级生产要素，如知识、技术、人才等。因此，产业高级生产要素的创造能力对于竞争力的作用比简单拥有要素更为重要。

拥有具备竞争力的相关及支持性产业是新能源产业能够取得竞争优势的必要条件。相关及支持性产业在高级生产要素方面的投资会逐步扩散到新能源产业中，从而有助于新能源产业取得竞争的有利地位；关联行业集群发展对提高新能源产业竞争优势有非常重要的作用。

企业的战略与组织结构是新能源产业发展的关键。新能源企业作为新能源产业的个体，企业的实力是新能源产业实力的具体体现。因此，企业的战略方向、组织结构均会影响新能源产业的发展与竞争力。

充分竞争的新能源产业市场环境使企业具有不断改革创新的动力，落后企业终被淘汰，优质企业持续壮大，最终形成有竞争力的产业。

及时把握新能源产业发展的机会，可以促使新能源产业结构解体与重构，给区域新能源企业提供排挤和取代另一区域新

能源企业的机会。

政府部门通过政策选择，能够削弱或增强区域新能源产业的竞争优势。政府通过行业补贴、资金市场政策、技术创新政策、教育政策等影响区域新能源产业的生产要素；通过政策引导影响新能源产业相关及支持性产业的发展；通过资金市场政策、税收政策等手段，影响新能源企业之间的竞争。

第五章　太原市新能源产业发展的政策措施

通过对发达国家、我国及典型市县发展新能源产业的经验分析可以发现，除了产业自身强大的生命力和发展潜力以外，新能源产业发展还与发达国家、我国及典型市县政府实行的促进产业发展的政策有密切关系。相关的研究（刘文龙和刘东霞，2012）也显示，一个产业的发展与壮大，制度与环境建设重于技术。因此，在新能源产业发展过程中，政府的政策措施可以降低新能源企业的生产经营成本，改善局部地区知识、技术、资金、信息等要素的供给状况，创造出适宜新能源产业发展的环境。本章分别从太原市新能源产业发展原则与主要目标、发展重点与产业布局、实施重大培育工程以及相关的保障措施方面，阐述太原市新能源产业发展所需要的政策措施。

第一节　太原市新能源产业发展的原则与主要目标

通过明确产业发展的原则，可以为政府出台相关的支持政策提供方向；明确产业发展的目标，可以为产业内企业发展指明努力的方向。

一、太原市新能源产业发展的基本原则

太原市发展新能源产业应该坚持以下几个方面的原则：

1. 坚持政府主导，企业主体

强化政府在新能源产业发展中的主导力，把市场配置资源的基础性作用和优化产业发展环境相结合，充分调动企业的创新积极性，整合科技资源、促进产学研合作。

2. 坚持集聚开发，后发先至

把开发区和生态园区作为新能源产业发展的重要平台，引导企业向优势区集聚，合理规划布局关联项目，推进产业集群化、规模化、生态化发展。

3. 坚持开放引进，创新突破

把提高自主创新能力放在重要位置，坚持原始创新、集成创新和引进消化吸收再创新相结合，大力扶持具有自主知识产权、有成长优势的研究成果，加快产业化推进步伐。大力引进国内外企业、研究机构和中介服务机构，通过合资合作、配套协作、战略联盟等方式加速外地资本本地化进程，增强对本地新能源产业发展的带动作用。

4. 坚持项目带动，重点跨越

集中有限资源，聚焦有限优势领域，重点发展有比较优势的特色产品，以关键领域取得突破带动新能源产业链整体竞争力不断提升。以大项目带动新能源产业优势领域跨越式发展，着力推动本地优势企业与国内外大集团合作。

5. 坚持示范应用，协同推进

结合低碳城市建设，实现制造与应用互动，推进太阳能光伏分布式发电、新能源汽车、地热能等新能源应用示范项目，逐步培育从装置成套供应、工程设计到建筑施工的系统能力，扩大新能源产品在城市公用设施和居民生活中的应用。

二、太原市新能源产业发展的主要目标

到 2020 年，新能源产业发展具备相当规模，建立起比较完整的产业技术支撑平台与产业配套体系。

“十三五”期间的主要预期目标：

1. 产业整体规模扩大

“十三五”期末，新增风电装机规模达到 30 万千瓦左右；光伏发电装机容量达到 50 万千瓦；新能源消费年均增速达到 3%左右。

清洁能源产值年均增长率约达到 31.95%，产值翻两番；太阳能光伏产业产值年均增长率约达到 14.86%，产值翻一番；风电设备与生物质能设备领域产值显著增加；地热能、核电装备等领域发展迅速，生产能力显著提高。

新能源汽车产值约达到 600 亿元，其中，形成年产煤层气重卡 2 万辆整车生产能力，燃气汽车产业产值突破 100 亿元；电动汽车产业生产能力达到 2 万辆，产值达到 500 亿元。

2. 产业竞争能力进一步增强

加快培育拥有自主知识产权、核心竞争力强、主业突出的大企业集团和大批科技型中小企业，形成大中小企业紧密配合、专业分工协作完善的产业组织体系。到 2020 年，培育销售产值 10 亿元以上的企业 2~3 家，年销售产值 5 亿元以上的企业 5~8 家。

3. 空间布局显著优化

引导新能源产业向相关开发区或工业园区集中，形成空间集聚效应。

4. 示范应用全面推进

实施“屋顶阳光发电示范工程”、“浅层地热能示范项目”、

“甲醇、燃气与电动汽车示范工程”等新能源应用示范计划，通过示范项目应用促进产业发展。争取应用光电发电的公共建筑、企业厂房、住宅小区等屋顶面积超过50万平方米，累计实现太阳能光伏综合应用规模达到25兆瓦；增加地热开采量，公共建筑、住宅小区等地热供热面积达到2500万平方米；推进公交线路、政府公共用车对甲醇、燃气与电动汽车的应用。

第二节　太原市新能源产业发展的重点与产业布局

提出产业发展的重点，可以集中有限的资源优先发展优势产业领域；在区域内做好具体与详细的产业布局，有利于发挥不同地域内的资源、技术以及区位优势，形成完整的产业链，更好、更快地促进产业发展。

一、太原市新能源产业发展的重点

太原市新能源产业的发展重点为：

（一）大力发展分布式能源

分布式能源是分布在用户端的能源综合利用系统，可以直接满足用户多种需求的能源梯级利用，不仅能够分散污染，而且可以减少长距离输送能源的损失，提高能源利用的安全性和灵活性。

支持分布式电源设备、燃气轮机、余热锅炉、压缩式制冷、吸收式制冷以及蓄冷蓄热等冷、热、电三联供系统设备的研发与生产。

积极开展工业余热余压余气发电及多联供技术，分散布局建设的并网型风电、太阳能发电技术，小型风光储等多能互补发电技术，天然气多联供技术，煤层气（煤矿瓦斯）发电技术，与建筑物结合的用户侧光伏发电技术，以农林剩余物、畜禽养殖废弃物、有机废水和生活垃圾等为原料的气化、直燃和沼气发电及多联供技术的研发与产业化发展。

（二）推动太阳能光伏、光热产业集聚

通过对太原市在光伏、光热等领域的专利分析，可以得到太原市在太阳能光伏与光热领域的研发基础。通过技术成熟度分析，可以指出太原市在光伏、光热领域应该研发的关键技术与发展重点，并提出可能的技术发展途径与技术解决时间（见图 5-1）。[①]

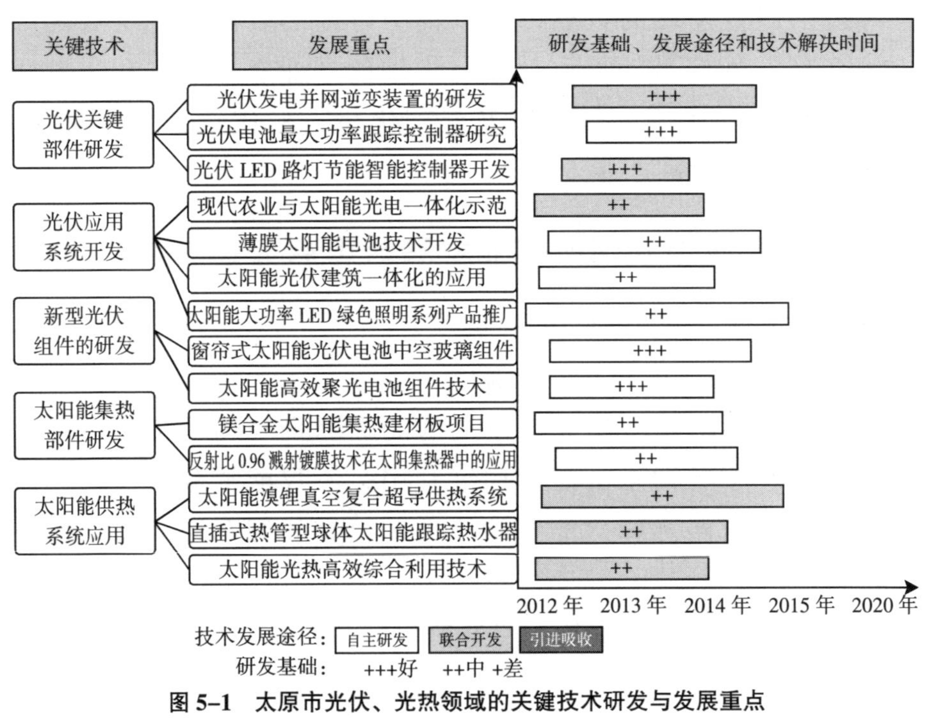

图 5-1　太原市光伏、光热领域的关键技术研发与发展重点

① 相关专利与技术成熟度分析见附录五。

在太阳能光伏装备制造方面，以晶体硅设备制造为核心，积极推动硅片生产设备、太阳能电池设备的规模化发展，鼓励组件生产设备的研发与生产。

以电池及组件研发和产业化为核心，向配套材料、关键装备和中下游应用产品等方向延伸，形成从硅料、太阳能电池及组件到系统集成、电站工程总承包的完整产业链。发展大面积超薄硅片和浆料回收利用技术，加强硅料熔铸、剖锭及切割等关键技术创新。支持非晶微晶硅薄膜电池、单晶硅薄膜电池、碲化镉（CdTe）薄膜电池、铜铟镓硒（CIGS）薄膜电池等新一代产品的研发和产业化生产。支持聚光光伏、光热技术的发展和设备制造。以建筑一体化太阳能光伏组件和集成系统为重点，加强光伏系统集成技术和控制器、逆变器等相关产品的研发。

推动硅料、浆料以及太阳能电池用光伏超白玻璃、背板、EVA 膜、封装材料、密封材料等配套产业的发展。依托太原理工大学、山西大学光电研究所以及中北大学光电实验室，加大对光伏电站设计、并购运维技术以及储能技术的研发。

大力推动聚光光伏、聚光光热技术的研发与产业化，重点关注三结砷化镓电池的技术研发与引进。以太原锅炉集团为核心，加强光热储能技术与新能源热力设备的研发，推动各类热泵、热力系统的核心部件以及高技术含量阀门等设备与部件的产业化生产。

（三）引导风电产业高水平发展

通过对太原市在风电领域的专利分析，可以得到太原市在风电领域的研发基础。通过技术成熟度分析，可以指出太原市在风电领域应该研发的关键技术与发展重点，并提出可能的技术发展途径与技术解决时间（见图 5-2）。[①]

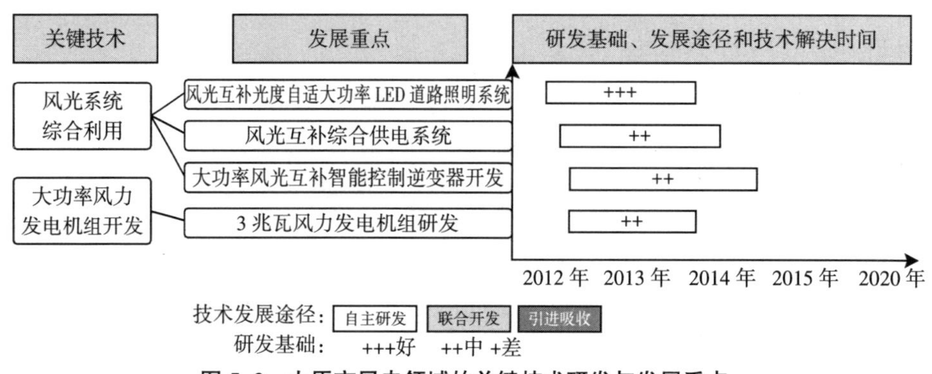

图 5-2 太原市风电领域的关键技术研发与发展重点

与国内外大型风力企业和研究中心合作，以风电成套机组设计和组装为核心，带动风电关键零部件、风电配套件发展，重点开发高速齿轮箱、机舱、轮毂、底盘、主轴、回转支承、叶片等关键配套件，建设国内重要的风电设备制造基地。

提升兆瓦级以上成套机组设计研发能力，重点发展大功率双馈式发电机组、直驱式发电机组和液压式主传动发电机组设计制造等关键技术，积极开发质量稳定、方便实用的家用风电整机。

鼓励风电机组企业从单一制造向工程总承包以及风力电站开发方向延伸，积极参与国内外大型工程建设。开发变频、变桨控制、驱动设计制造技术、数字化风力发电场调度控制技术和并网控制系统等关键技术与产品，形成自主制造能力。

推动风力资源评估规划设计与风电场并网运维技术的研发与产业化，加快在阳曲、古交、万柏林区、尖草坪区等风力资源丰富的区县布局风力发电项目。

① 相关专利与技术成熟度分析见附录五。

（四）完善新能源汽车产业链

通过对太原市在新能源汽车领域的专利分析，可以得到太原市在新能源汽车领域的研发基础。通过技术成熟度分析，可以指出太原市在新能源汽车领域应该研发的关键技术与发展重点，并提出可能的技术发展途径与技术解决时间（见图 5-3）。①

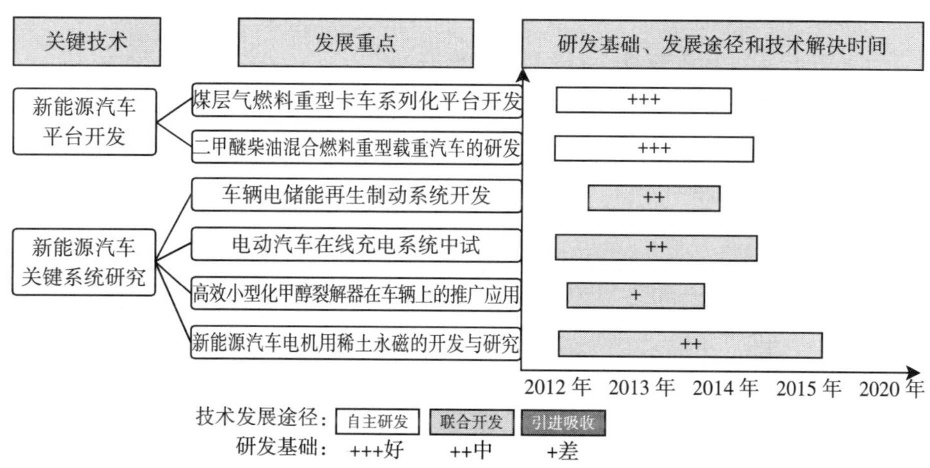

图 5-3 太原市新能源汽车领域的关键技术研发与发展重点

抓住新能源汽车发展机遇，重点支持多点电喷技术的研发与产业化，新能源发动机、变速箱等核心部件的生产，以及天然气公交车、纯电动城市公交车等新能源汽车的整车生产。在电动汽车领域形成 1 家客车、1 家乘用车电动汽车整车企业和 5~8 家关键零部件企业；在燃气汽车领域，形成以 1~2 家整车企业为核心，从原材料到多级零部件近 100 家配套企业集聚化发展的燃气汽车产业集群。

以大功率、高能量动力锂电池核心技术研发和产业化为重点，加强正负极材料、电解液和电芯等电池核心件配套生产、

① 相关专利与技术成熟度分析见附录五。

电池模组及电池管理系统开发，建立较为完整的动力锂电池产业链，积极发展阀控密封蓄电池、镍氢电池等其他新型动力电池。

支持甲醇、煤层气生产企业的发展，为甲醇、燃气汽车的示范应用和推广提供燃料支撑；布局建设充电桩、甲醇加注站与燃气加气站等基础设施，建设充换电站 20 座、充电桩 3000 个；建成加气站 110 座，形成覆盖全市的加气站服务网络。

（五）积极培育生物质能发电产业

通过对太原市在生物质能领域的专利分析，可以得到太原市在生物质能领域的研发基础。通过技术成熟度分析，可以指出太原市在生物质能领域应该研发的关键技术与发展重点，并提出可能的技术发展途径与技术解决时间（见图 5-4）。①

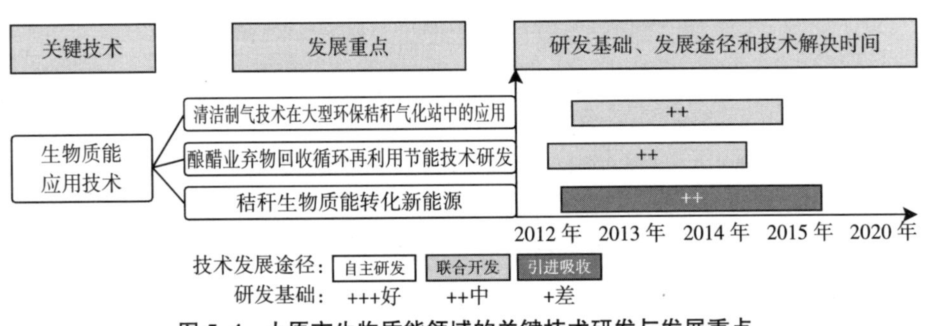

图 5-4 太原市生物质能领域的关键技术研发与发展重点

依托大型电力设备制造和机械加工基础，开展生物质发电锅炉及核心配套零部件的研究和制造。支持机械加工类企业积极参与生物质能发电设备配套件研发生产，引导适合居民小区的生物质发电设备的研发与产业化。推动城市生活垃圾发电、酿造企业粮食残渣发电示范项目的建设。

① 相关专利与技术成熟度分析见附录五。

（六）地热能的综合开发与利用

通过对太原市在地热能领域的专利分析，可以得到太原市在地热能领域的研发基础。通过技术成熟度分析，可以指出太原市在地热能领域应该研发的关键技术与发展重点，并提出可能的技术发展途径与技术解决时间（见图 5-5）。①

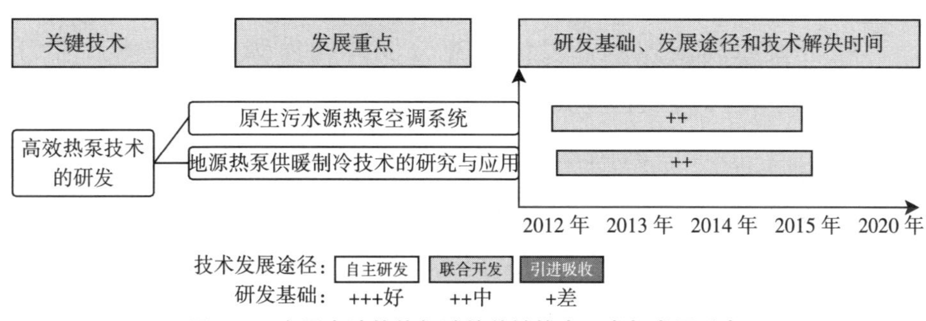

图 5-5　太原市地热能领域的关键技术研发与发展重点

依托骨干装备制造企业，开展地源热泵等关键设备的研发与产业化。开展地源热泵示范项目，总结太原市杏花岭区“塞纳西畔”公寓楼发展地热能的经验，采用污水源热泵、地源热泵技术，选择具备规模化条件的产业聚集区、城镇居民区、学校和事业单位，通过系统集成优化，建设热力集中利用示范工程，利用城市原生污水作为恒温水源介质，通过热泵主机为建筑物冬季供暖、夏季制冷，并附带提供生活热水。

二、太原市新能源产业的布局

立足现有产业基础，适应太原城市功能调整布局的要求，按照有利于促进研究开发与产业化联动发展、产业集聚集群发展、产业城市生态相互协调的要求，以国家级和省级开发区为

① 相关专利与技术成熟度分析见附录五。

主要载体，引导产业要素资源向园区集聚发展，优化产业空间布局，着力构建“一核、两翼、多板块”的空间布局框架：“一核”即太原高新技术开发区，是新能源产业研发和孵化的核心园区；“两翼”即太原经济开发区和清徐经济开发区，是太原新能源产业发展的重要集聚园区；“多板块”即市域其他有条件发展新能源产业的区县。

（1）太原高新技术开发区。充分发挥国家级高新技术产业开发区集聚科技、教育、人才资源的优势，以太原理工大学、山西大学、中北大学的国家级大学科技园、高新区科技创业服务中心等为依托，建设一批为新能源研发和产业化服务的专业孵化器，增强核心关键技术自主研发能力，努力成为全省新能源研发的核心和创新型企业孵化的重要基地。

（2）太原经济开发区。加强与国内外大公司在新能源技术领域的合作，发展高转换率晶硅太阳能光伏电池、三结砷化镓电池及组件，加快薄膜太阳能电池研发生产，积极发展单、多晶硅电池，非晶硅薄膜电池生产设备及全过程自动化控制等关键技术和设备，积极利用公共设施建设太阳能光伏示范电站，形成较为完备的太阳能光伏产业体系。依托太重、汾西重工等骨干企业的风力研发、生产基地建设，积极推动轮毂、主轴、调桨机构（液压或电动伺服机构）、偏航机构（电动伺服机构）、刹车（制动机构）、风速传感器、发电机、励磁调节器（电力电子变换器）、并网开关、软并网装置、无功补偿器、主变压器转速传感器等关键零部件制造在园区内的集聚。

（3）清徐经济开发区。依托园区内已有的现代装备制造业的生产能力，开展生物质燃烧锅炉、焚烧锅炉、高效气化装置、热解液化装置等生物质发电关键设备的研发；全力推进经济开发区与现代农业示范园区内生物质能发电项目的建设；依托园

区内现有汽车零部件生产企业，积极开展新能源汽车配套零部件的研发与生产。

（4）太原不锈钢产业园区。依托太锅集团的研发与生产能力，联合太原理工大学、中国科学院山西煤炭化学研究所、山西天和煤气化科技有限公司等，推动循环流化床、增压流化床等洁净燃烧技术的研发与产业化；依托太钢集团，加快超临界发电设备关键材料的研发与生产；依托设备制造及铸锻行业基础，积极发展风电和核电设备关键零部件生产制造。

（5）太原工业园区。重点发展太阳能光伏、太阳能聚热、风力发电、生物质发电、地热泵等新能源装备制造；建设太阳能光伏分布式发电示范项目；依托山西宇星客车有限公司，积极研发甲醇、燃气与电动汽车的关键部件，并在园区内形成完整的新能源汽车产业链。

（6）西山、古交工业区。依托山西焦煤集团，开展煤层气开采技术的研发与产业化；在西山区块，利用塌陷区建设太阳能光伏地面电站；利用西山风力资源，建设风力发电项目。

（7）娄烦工业区。利用娄烦县内闲置的荒山、荒地，建设太阳能光伏地面电站。

（8）万柏林煤电工业区。依托山西焦煤集团、西山煤电集团，开展 IGCC 的研发与产业化，积极推动 IGCC 示范项目的建设。

第三节　实施引领太原市新能源产业发展的重大培育工程

实施产业基地创建、龙头企业培育、创新能力提升、应用推广示范等工程，全面提升新能源产业发展的规模和水平。

一、产业基地创建工程

推进国家级新能源示范园区——西山生态产业园区的发展，建设西山节能环保与新能源装备制造产业园，按照产业发展定位着力引进大企业、大项目，形成骨干企业和配套企业相互协同的产业格局，尽快形成产业集聚优势。

以太重集团为龙头，建设太重风电产业园，吸引风电装备制造领域的配套企业入驻产业园区，形成相对完善的风电装备制造产业链，发挥规模效应。

推动太原经济开发区、清徐经济开发区、太原不锈钢产业园区、太原工业园区、西山与古交工业区的新能源产业特色化、规模化、集聚化发展，完善新能源产业链，努力成为省级新能源产业基地。

二、龙头企业培育工程

龙头企业培育工程具体包括：推动创新型企业规模化发展，着力引进大企业与大项目，培育有实力的新能源企业。

（1）推动创新型企业规模化发展。组织实施新能源创新型企业培育计划，根据技术、市场前景和企业管理规范确定培育重点，在财政补贴、项目融资、土地供给等方面给予重点支持。

（2）着力引进大企业与大项目。主动跟踪国内外新能源产业重点区域和重点企业的发展动向，结合太原市新能源产业发展的实际需要，筹划、论证、筛选建立重大产业项目储备库，吸引国内大型企业投资，同时要求中标企业建设相关产业的配套落地项目。

（3）培育有实力的新能源企业。支持太重集团、太锅集团以及中国电子科技集团公司第二研究所等大型国有企业在新能源领域的研发与产业化，培育传统优势产业骨干企业向新能源产业转型；支持省电力设计院、电科院在分布式能源领域的研发与产业化，积极与驻晋的五大电力集团合作建设分布式能源项目；充分利用省内科技资源丰富和区位条件优越的条件，引导省内大型民营企业发展新能源产业项目；千方百计培育中小科技型新能源企业发展壮大和实施技术成果转化，加快产业化进程。

三、创新能力提升工程

创新能力提升工程具体包括：提升高等院校与科研院所的创新能力，提高企业技术创新能力，着力发展专业孵化器。

（1）提升高等院校与科研院所的创新能力。引导高等院校、科研院所和企业科研机构加强新能源领域学科建设和新能源领域关键技术研发。支持高校、研究院所的重点实验室、工程研究中心建设成为省级重点实验室、工程研究中心。

（2）提高企业技术创新能力。推动骨干企业建设省级新能源企业技术研发中心（刘东霞，2012）；加强省市合作以及与国家级科研机构的技术合作，在风电设备、三结砷化镓电池、新型动力电池、生物质燃烧锅炉等方面共同组建开放运行的公共技术创新平台。

（3）着力发展专业孵化器。鼓励和支持骨干企业与高校、科研机构合作组建新能源产业科技创业服务中心，推动各专业孵化器的资源信息共享、分工协作，努力构建规模化的孵化器网络体系。

四、应用示范推广工程

该工程具体包括：屋顶阳光发电示范工程，浅层地热能示范项目，西山生态产业区微电网示范项目，甲醇、燃气与电动汽车示范工程。

（1）屋顶阳光发电示范工程。在城市建筑物、公共设施等建设与建筑物一体化的屋顶光伏分布式发电站；在道路、公园、车站等公共设施推广使用光伏电源路灯照明，在省内高速公路收费站推广建设光伏分布式发电站，扩大光伏发电利用量，积极拓展光伏产业市场空间。

（2）浅层地热能示范项目。在晋源区、杏花岭区以及小店区等地热资源丰富区域，采用地源热泵技术，建设热力集中利用示范工程，进一步推进太原市地源热泵实践的推广应用。

（3）西山生态产业区微电网示范项目。在西山生态产业区建设微电网系统，利用分布式发电技术，实现太阳能光伏、风能、煤层气、生物质能以及煤矸石等多种能源分布式发电的并网运行，为大规模推进微电网在山西省及国内其他省市的应用提供实践经验。

（4）甲醇、燃气与电动汽车示范工程。在政府公务用车、市公交体系中大力推广使用混合动力汽车、纯电动汽车、甲醇与燃气汽车，建设网络化的新能源供应基础设施系统，为新能源汽车大规模推广创造条件。

第四节　太原市新能源产业发展的保障措施

太原市新能源产业发展具体的保障措施有：加强组织领导，强化政策导向作用，积极搭建融资平台、提高自主创新能力，吸引优秀人才聚集。

一、加强组织领导

发挥太原市新能源产业发展领导小组的统筹协调作用，整合市经委、建委、科技局、财政局、电力局、交通局等部门资源，形成推进新能源产业发展的合力，建立健全管理机制，加强对全市新能源产业发展工作的指导，研究解决工作推进中的重大问题，认真做好规划的具体落实，切实抓好重大项目的组织推进。

二、强化政策导向作用

贯彻落实国家、省关于新能源产业发展的各项扶持政策，帮助企业争取国家政策资源，引导企业加大投资规模，提升产业层次。

加大税收优惠政策落实力度，经认定符合条件的新能源企业，落实企业自主创新投入所得税前抵扣、高新技术企业所得税减免、鼓励类项目进口设备和资源综合利用项目税收优惠等政策；出台相应配套政策，明确符合条件的新能源企业、分布式能源企业，新增税收市级部分全额返回，对生产性设备允许加速折旧，所购软件可按固定资产或无形资产核算，折旧或摊销年限可适当缩短。

实行新能源发电补助政策，对2017年底前建成并网发电，且优先使用太原市企业生产组件的分布式光伏发电项目，按其装机容量给予0.1元/瓦的奖励，连续奖励3年；对太阳能光伏发电、风电、生物质能发电、煤层气发电项目，按燃煤脱硫机组标杆电价加价0.25元/千瓦时给予补贴。

设立市级新能源产业发展财政专项扶持资金，每年不少于500万元，用于扶持新能源产业的龙头企业和重大新能源项目建设，支持重点技术研发与产业化、公共服务平台和示范项目建设；单独设立分布式能源技术研究专项资金，扶持、鼓励企业引进、消化、吸收国外先进技术，争取由跟跑者向并跑者转变；对纳入国家、省新能源研发、应用计划范围内的项目，给予配套资金支持；将本市新能源产品列入政府采购目录，在市政、公共建筑以及重点工程建设等方面优先使用本市产品，发挥应用示范效应。

三、积极搭建融资平台

搭建银企对接合作平台，定期向金融机构推介新能源产业重点项目，金融机构要加大信贷支持力度，并争取给予贷款优惠利率，担保公司（特别是有政府背景的担保公司）应优先为新能源项目提供贷款担保。对实施新能源技改、产业化的项目给予2%~3%贷款贴息和一定的保费补贴。

优先支持符合产业规划导向的重点企业在“新三板”挂牌融资。鼓励社会资金参与新能源项目建设，探索建立政府资金参与引导、民间资本主导运作的产业发展基金模式，激活民间投资热情。

支持采用BOT、BT、TOT、EMC等融资模式建设新能源项目，改善资本结构，化解产业投资风险。

四、提高自主创新能力

鼓励企业增加研发投入，加强对企业技术开发费加计扣除等激励政策的贯彻落实，实行考核与资助结合，扩大财政对技术创新的资助力度，引导更多社会资金投入新能源技术创新。鼓励企业与企业、高校及科研院所建立技术战略联盟，采取联合出资、共同委托等方式进行合作研究开发，提升产业技术水平。

五、吸引优秀人才聚集

鼓励企业与高校联合定向培育新能源产业方面的硕士、博士研究生。支持高等院校、科研机构和企业联合建立博士后流动站与工作站。探索激励新机制，通过环境留人、制度留人和物质留人，让各类人才有更大的发展空间。

充分发挥市场机制在人才资源配置中的决定性作用，利用多种灵活方式吸引国内外智力资源，对于新能源技术高端人才的引进给予政府补贴，努力形成高端人才集聚优势，提高研发和创新能力。

下篇

新能源产业典型高新区与企业调研分析

随着化石能源日益减少、环境污染日益严重，世界各国与地区争相发展新能源产业。特别是20世纪90年代以后，世界范围内的新能源技术水平大幅提升、产业规模快速扩大，为经济持续发展起到了重要支撑作用。

高新技术开发区是科技型企业最为密集的区域，也是包括新能源产业在内的战略型新兴产业成长与快速发展的区域。现阶段，国内许多高新技术开发区已形成了具有区域特色的新能源产业集群，如西安高新技术开发区、保定高新技术开发区等，并迅速向所在省域扩散，起到了重要的带动作用。

太原市也有一些新能源企业，无论是技术研发实力还是市场规模等方面，均拥有一定的优势，如何促进这些企业快速发展，对加速太原市新能源产业集聚、引领区域经济发展具有重要意义。

下篇采用实证方法，对国内新能源产业典型的高新技术开发区、太原市典型的新能源企业进行调研，结合钻石模型，对国内新能源产业典型的高新技术开发区、太原市典型的新能源企业发展所需要的要素体系进行分析，提出支持新能源企业发展可借鉴的经验。

第六章　新能源产业典型高新区调研分析

为获得有益于太原市发展新能源产业的经验，主要对西安高新区与保定高新区进行了新能源产业发展状况、支持政策等方面的调研。

第一节　西安高新区新能源汽车产业调研分析

2015 年 11 月 13 日，课题组对西安高新技术开发区的发展情况以及政策支持情况进行了调研，访谈人员为西安高新技术开发区科技大市场主任张国伟、技术交易服务部长郝雪、知识产权服务部长王栋。[①]

一、西安高新区新能源汽车产业发展的要素体系

以下将介绍西安高新区的发展状况，同时结合钻石模型，构建西安高新区新能源汽车产业发展的要素框架。

（一）西安高新区发展状况

西安高新技术产业开发区是 1991 年 3 月经国务院首批批准

---

① 具体访谈记录见附录六。

的国家级高新区。20多年来，西安高新区主要经济指标增长迅猛，综合指标位于全国56个国家级高新区前列。

西安高新区在推动技术创新、发展拥有民族自主知识产权的高新技术产业方面形成了自己的优势和特色。全区累计转化科技成果近10000项，其中90%以上拥有自主知识产权。全区有经认定的高新技术企业1320家，累计转化科技成果近8200项，其中93%以上拥有自主知识产权。

西安高新区充分发挥科技资源集聚的优势，推进科技成果转化，发展特色高新技术产业，主要经济指标年均增速超过30%。为落实“一带一路”战略，西安高新区紧抓全球产业布局调整的重大机遇，形成了以新一代信息技术和高端装备制造为主导，生物医药、节能环保、新材料和科技服务业多元支撑的发展格局，走出了一条内陆高新区依托自主创新实现跨越发展的成功之路。2014年，西安高新区完成企业总收入首次超过万亿元，达到11070亿元，居全国高新区第三位；进出口总额首次超过千亿元，达到1180亿元，约占陕西省进出口总额的80%；对国家和地方的财政贡献超过600亿元。

（二）西安高新区新能源产业发展的要素框架

借鉴钻石模型，结合调研结果，分别从西安高新技术开发区新能源汽车产业发展的基本要素与辅助要素出发，对能够促进西安高新区新能源汽车产业发展、提升其竞争优势的要素进行分析。

本书构建了基于钻石模型的西安高新区新能源汽车产业发展要素框架，如图6-1所示。

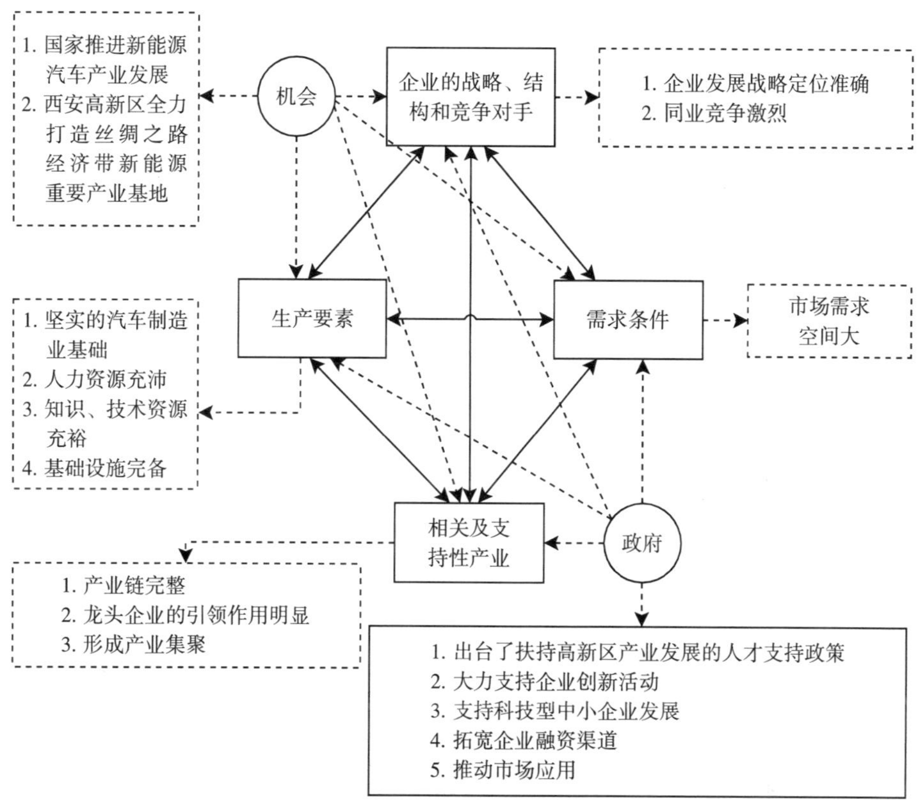

图 6–1　基于钻石模型的西安高新区新能源汽车产业发展要素框架

二、西安高新区新能源汽车产业发展的基本要素分析

以下分别从生产要素，需求条件，相关及支持性产业，企业的战略、结构和竞争对手方面分析西安高新区新能源汽车产业发展的基本要素。

（一）生产要素

区域具有雄厚的制造业基础。西安有一批在全国有一定影响的大中型装备类企业和产品，如陕航、西飞、西电、彩虹、陕汽、大唐、庆安、陕鼓、陕齿、标缝等全国知名的大中型装备制造业工业企业。

汽车产业在西安高新区发展迅猛，产业链基本完整，产业集聚明显，为发展新能源汽车产业提供了坚实的产业基础。

人力资源充沛。西安拥有 100 多家高校，每年 20 余万名高校毕业生为高新区产业的发展提供了充足的人力资源。

知识、技术资源丰富。西安拥有 100 多家高校、700 多家科研院所，有 25 家国家级重点实验室与研究中心分布于这些大学及研究所之中。西安高新区在发展过程中可以非常便利地获得相关的知识与技术支持。

西安及西安高新区基础设施完善，有利于吸引大企业与大项目落户。

（二）需求条件

新能源汽车市场前景广阔，截至 2015 年上半年，全国新能源汽车示范城市增至 89 个。到 2015 年末，国内新能源汽车产销有望突破 30 万辆，其中，西安推广新能源汽车预计达到 1.1 万辆，上海预计达到 1.2 万辆，北京预计达到 1 万辆，深圳预计也将达到 1 万辆。

（三）相关及支持性产业

园区内集聚了以电力控制和传输、互感设备为主的 100 多家企业，可以为新能源汽车产业的发展提供必要的配套产品。

经过多年的发展，汽车产业已成为西安高新区发展迅猛、最具增长潜力的支柱产业，同时也是高新区“十二五”期间重点发展的产业之一，一大批新能源汽车关键零部件和核心材料企业迅速成长。目前，高新区汽车产业已形成了以比亚迪、法士特、欧舒特等企业为主体，以汽车整车制造为龙头，以动力总成、控制系统、底盘、关键零部件、汽车服务为主的配套体系。

2015 年西安高新区引进三星 SDI 公司，高新区积极推动三星 SDI 与安庆环新集团、西安高科集团共同合作。2015 年 8 月

18日，中国目前最大的汽车动力电池生产基地——三星环新汽车动力电池项目在西安高新区开工建设。作为新能源汽车的核心部件，动力电池项目的开建将进一步完善西安高新区新能源汽车产业格局，补齐新能源汽车从核心零部件到整车的产业链，并带动新材料、化工、电子、机械等配套产业发展。

（四）企业的战略、结构和竞争对手

企业以创新发展为战略，积极进行研发投入，不断推出新产品，为产业的发展与壮大提供了坚实的基础。

新能源汽车产业竞争激烈，2014年1~11月，在美国、挪威、法国、德国、日本五国的电动汽车销量排行中，日产聆风、特斯拉Model S、通用雪佛兰沃蓝达的销量包揽前三，累计分别销售46708辆、18468辆、17329辆。上市仅一年的宝马i3，同期累计销售9239辆。这些世界级汽车制造巨头在新能源汽车领域所具有的竞争优势，要求国内新能源汽车制造企业不断提高技术水平，从而在激烈的市场竞争中占有一席之地。

三、西安高新区新能源汽车产业发展的辅助要素分析

以下分别从机会与政府两个方面分析西安高新区新能源汽车产业发展的辅助要素。

（一）机会

自2009年以来，中国积极推动电动汽车产业的发展。根据《新能源汽车产业发展规划》，到2020年，中国将推广500万辆的纯电动（EV）汽车、插电式混合动力（PHEV）汽车，将成为世界最大规模的电动汽车市场。

西安高新区全力打造丝绸之路经济带新能源重要产业基地，在短期内顺利完成项目前期推进、基础设施配套、铁路运输保障等一系列工作。

（二）政府

为了推动新能源汽车产业发展，加速产业转型升级，高新区近年来不断出台政策，完善新能源汽车充电基础设施建设，着力破解电动汽车推广应用中的“瓶颈”问题。

以充电基础设施完善促推广应用，以新能源汽车推广应用促产业发展，将高新区建设成为新能源汽车产业发展和推广应用示范区域。2015 年，高新区将投入 1000 万元大力推广新能源汽车，全力打造西部低碳环保产业发展的先行区。

作为新能源汽车发展必不可少的一环，充电配套设施的发展进程也在加快。为进一步加快市场推广应用，制定了《西安高新区新能源汽车推广应用实施方案（2014~2015）》，加快完善了《西安高新区充电基础设施建设规划》，指导充电设施加快建设和合理布局。

为进一步实施创新驱动发展战略，完善西安高新区科技创新体系，提升企业自主创新能力，加快科技服务业发展，推动西安高新区国家自主创新示范区建设，出台了《西安高新区管委会关于加快创新驱动发展的若干政策》。为了培育一大批创新能力强、成长速度快、具有国内外行业竞争优势的科技企业小巨人，提升园区自主创新能力与新兴产业发展层次，出台了《西安高新区管委会关于支持科技企业小巨人发展的若干政策》。出台了《西安高新区管委会关于促进科技与金融结合发展的若干政策》，以加速资本要素快速集聚，优化产业发展环境。出台了《西安高新区管委会关于实施特殊人才跨越计划的若干政策》，以加快聚集和培养高层次人才。

第二节　保定高新区新能源与智能电网装备产业调研分析

2015 年 11 月 10 日，课题组对保定高新技术开发区新能源与智能电网装备产业的发展情况以及政策支持情况进行了调研，访谈人员为保定高新技术开发区经济发展局马晓玫科长。[①]

一、保定高新区新能源与智能电网装备产业发展的要素体系

以下将介绍保定高新区的发展状况，同时结合钻石模型，构建保定高新区新能源与智能电网装备产业发展的要素框架。

（一）保定高新区发展状况

保定高新区在新能源产业领域取得了许多突出的成绩，如中国第一座太阳能光伏电站与五星级酒店一体化建筑、中国第一块 240 千克太阳能电池硅锭、第一片大功率风力发电叶片、第一个风电叶片研发中心、第一台大型风电整机传动检测平台、唯一的风力发电技术及设备国家重点实验室、唯一的光伏材料及技术国家重点实验室，已成为中国新能源产业聚集度最高、产业链条最完整、创新能力最突出、产业定位最明晰的新能源产业园区。

在保定从事新能源设备制造的企业有 170 多家，其中包括天威英利、中航惠腾、国电联合动力等一批骨干龙头企业，形成了风电产业园、光伏产业园、节电产业园、天威兵装产业园等

---

① 具体访谈记录见附录六。

几大园区共同发展的格局。到“十二五”期末，园区经济总量实现跨越式增长，主要经济指标年均增速30%左右，总收入达到2660亿元，工业总产值2700亿元，成为“千亿园区”领军者。

在风力发电装备领域，拥有近30家企业。其中，整机厂3家，叶片厂6家，控制系统企业3家，配套件生产企业和研发、检测机构中心等10多家。风电叶片产量由2006年的500兆瓦发展到2009年的3200兆瓦，增长5.4倍；风电整机产量由2006年的1兆瓦发展到2009年的1145兆瓦，增长1144倍。2010年保定获批“风电设备及系统技术实验室”，依托国电联合动力技术有限公司的雄厚实力，可对风电整机及零部件、风电叶片及材料、风电控制系统、风场监控系统等进行全面试验、检测。

在光伏产业领域，拥有60余家企业，产品涉及多晶硅太阳能电池、非晶硅薄膜太阳能电池及太阳能产品应用等光伏全系列装备。该领域以英利集团为主，一方面保持光伏组件规模化扩张态势，另一方面加速产业体系建设，在高纯硅生产、配套产品国产化方面已进入实质性的项目运作阶段。

（二）保定高新区新能源与智能电网装备产业发展的要素框架

借鉴钻石模型，结合调研结果，分别从保定高新技术开发区新能源与智能电网装备产业发展的基本要素与辅助要素出发，对能够促进保定高新区新能源与智能电网装备产业发展、提升其竞争优势的要素进行分析。

本书构建了基于钻石模型的保定高新区新能源与智能电网装备产业发展要素框架，如图6-2所示。

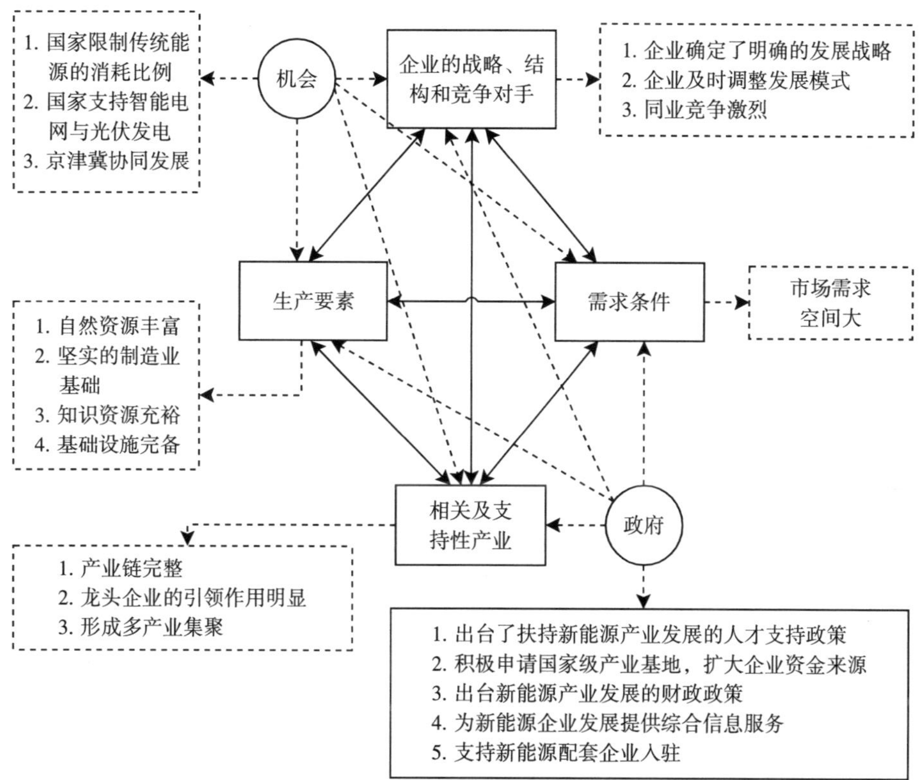

图 6-2　基于钻石模型的保定高新区新能源与智能电网装备产业发展要素框架

二、保定高新区新能源与智能电网装备产业发展的基本要素分析

以下分别从生产要素，需求条件，相关及支持性产业，企业的战略、结构和竞争对手方面分析保定高新区新能源与智能电网装备产业发展的基本要素。

（一）生产要素

从自然资源来看，保定市拥有丰富的风力资源，光照强度好，非常有利于发展风电与光伏发电。

保定市作为重工业基地，具备良好的制造业基础，对发展新能源产业、智能电网装备产业提供了产业基础条件。

知识与技术资源丰富。保定高新区拥有 6 个国家级重点实验室，7 个国家级企业技术中心，12 个省级技术中心，25 个高新区企业技术中心；取得国家、行业标准 200 余项，专利超过 5000 项，多项成果已经达到国际、国内领先水平，拥有新能源领域多项第一。另有各级专业研究所、科研成果转化中试基地等一批新型科研机构，获批多个博士后流动工作站，有力地推动了保定高新区逐步从制造中心向研发、技术、检测中心的跨越升级。

以华北电力大学为核心的科研教育支持。华北电力大学是中国最重要的电力大学之一，在保定设有校区，并且在 2007 年成立中国第一个可再生能源学院。该校汇聚了一大批全国名牌大学的尖端人才，聘请了 15 名国内外知名学者担任兼职或客座教授，与中国科学院、英国剑桥大学、丹麦科技大学等国内外高水平大学和科研机构开展合作；与 20 多家企业深度合作，共同组建了节能研发中心、可再生能源研究中心、光电信息技术产业基地等；在保定国家级高新技术开发区筹建新能源科技园，与区内约 60%的高新技术企业建立新能源产业联盟；在保定“中国电谷”新能源与可再生能源产业化基地上建立了新能源学生实践基地，每年都选派大批学生进行训练。据不完全统计，在“中国电谷”新能源基地中，任企业“老板”的华北电力大学毕业生占 1/3，科技人员占 1/2。

园区基础设施完善，有利于吸引企业入驻与人才引进。

（二）需求条件

从长期看，不论是光伏发电、风力发电还是与之配套的智能电网行业，都会呈现增长的态势，市场需求空间大。

我国积极开发绿色能源，对新能源产品的需求量将会明显增加。据有关机构预测，2018 年底，全球光伏发电总装机容量

有望超过400吉瓦。同时，全球太阳能产品需求的重心正从欧洲转向亚洲。

2014年1月13日召开的全国能源工作会议提出，2014年风电发展目标为1800万千瓦，明确了风电增长水平。因此，预期风电设备行业将迎来又一轮大发展的机遇。

我国在智能电网总体规划中提出，2020年将全面建成统一坚强智能电网，使电网的资源配置能力、安全水平、运行效率，以及电网与电源、用户之间的互动性显著提高。另外，明确了"十三五"期间的电网总投资为14000亿元，其中特高压投资2500亿元，占比为17.9%，智能化投资为1750亿元，占比为12.5%。这为智能电网装备产业提供了广阔的市场空间。

（三）相关及支持性产业

产业集群效应明显。保定高新区新能源与智能电网装备产业形成了光电、风电、新型储能、高效节能、智能输变电和电力自动化六大产业体系；产业集群品牌建设成效显著，"中国电谷"这一区域品牌在全国乃至全球的影响力与日俱增；英利公司、天威集团、国电联合动力等骨干龙头企业带动效应显著，科技型中小企业不断聚集。

光伏产业国内领先。领军企业英利集团建成国内唯一的全产业链晶硅电池生产体系，2013年英利公司光伏组件产量超过3.2吉瓦，市场占有率接近10%，成为出货量全球第一的光伏企业，在光伏制造产业化、规模化、国际化方面处于国内领先地位。

风电产业体系完备。拥有风电企业23家，涵盖整机、叶片、变流器、控制系统等产业链关键环节。建成中国最大的风电叶片制造基地，2013年叶片产能达到5000兆瓦，整机产能已突破1500台。

电力设备制造优势突出。以世界著名的超大变压器制造商天威集团为龙头的输变电产业、以风帆锂电为龙头的新型储电产业和以四方三伊等为代表的高成长性电力设备制造企业群快速发展，同时吸引了日本三菱、美国江森、中国国电、中国兵装、中航集团等知名企业投资入驻，产业集聚效应充分显现。

（四）企业的战略、结构和竞争对手

企业根据外部市场情况及时调整企业发展战略与商业模式。英利集团制定了“334”的战略，即未来英利光伏产品的市场分布将是30%地面，30%屋顶，40%分散式、独立式。为了配合“334”战略，英利集团积极探索“一站式”模式，即采取居民自提产品、自主安装的商业模式。

同业竞争激烈。截至2014年底，我国在海外上市的光伏企业已经有16家，全球前10家企业中我国占了6家；风电装机排名前20位的机组制造商，如金风科技、华锐风电、联合动力、东方电气、明阳风电等企业占据了全国94.93%的市场份额。

三、保定高新区新能源与智能电网装备产业发展的辅助要素分析

以下分别从机会与政府两个方面分析保定高新区新能源汽车产业发展的辅助要素。

（一）机会

国家主席习近平在中央财经领导小组会议上就推动能源生产和消费革命提出五点要求[①]，包括：①推动能源消费革命，抑制不合理能源消费。②推动能源供给革命，大力推进煤炭清洁高效利用，着力发展非煤能源，形成煤、油、气、核、新能源、

① 中国广播网. 习近平就推动能源生产和消费革命提出五点要求［EB/OL］. http：//news.sina.com.cn/0/2014-06-14/070030358653.shtml，2014-06-14.

可再生能源多轮驱动的能源供应体系，同步加强能源输配网络和储备设施建设。③推动能源技术革命，以绿色低碳为方向，分类推动技术创新、产业创新、商业模式创新，把能源技术及其关联产业培育成带动我国产业升级的新增长点。④推动能源体制革命，还原能源商品属性，构建有效竞争的市场结构和市场体系，形成主要由市场决定能源价格的机制，转变政府对能源的监管方式，建立健全能源法治体系。⑤实现开放条件下能源安全。加强国际合作，有效利用国际资源。

国务院总理李克强在国务院常务会议上提出三大措施以加强雾霾等大气污染治理：一是加快调整能源结构，增加非化石能源比例；二是实施跨区送电项目；三是控制煤炭消耗量。在十二届全国人大二次会议上，李克强总理在政府工作报告中明确提出，推动能源生产和消费方式变革，提高非化石能源发电比重，发展智能电网和分布式能源，鼓励发展风能、太阳能。

在京津冀协同发展的战略机遇期，高新区作为主动对接、扩大合作的前沿阵地，目前正全力加大基础设施建设力度，全面完善空间规划及产业规划，坚持特色，承接高端，致力于对接中国科学院等科研院所及中关村智能电网、节能环保、新一代信息技术等高端产业。

（二）政府

保定高新区始终坚持“人才是立区之本”的发展理念，全面实施人才优先发展战略，创优人才环境，搭建人才引进平台，完善人才培养体系。为了引进科技创新领军人才，高新区出台了多项优惠政策，建成多个博士后流动工作站，对特殊人才采取柔性引进策略。

保定市政府联手高新技术开发区管委会建立了人才库和人才市场，并且对于企业引进专家设立了专项补贴。

在资金方面，保定市政府在高新技术开发区建立科技银行，主要用于支持科技型企业，积极帮助小企业申请国家科技创新项目；政府每年会拨付一定的财政资金支持科技型中小企业的技术创新活动。

在信息综合服务方面，保定市政府、科技局、高新技术开发区管委会三方正在筹建技术大市场；在配套企业发展方面，政府侧重对于投资新能源的企业实施优惠地价和职工房租减免政策，管委会主要帮助企业宣传跑业务，也就是软环境的扶持。

园区大力支持，与企业共同成长。保定高新区对具有创新性，符合产业发展方向，特别是在某一产业领域能够解决国家战略需求的重点项目，配合国家科技部、发改委，通过政策、资金等各方面的支持，为科技型中小企业注入力量。

设立“创业中心—火炬园—专业化产业基地”三级创业系统。按企业不同成长阶段量身定制扶植政策，项目进区首先进创业中心，成长到一定水平之后进入火炬园，需要大规模扩张时进入专业化产业基地。为解决新生企业的资金“瓶颈”问题，保定高新区与河北省经济技术投资担保公司展开合作，共担风险，为有发展潜力的企业争取银行贷款支持。

引入河北省经济技术投资担保公司的资金占到全省总额的40%，有50多家企业从创业中心孵化毕业，36家企业入驻火炬园，培育出一大批具有自主知识产权和核心竞争优势的企业。建设了生产力促进中心，出台了科技创新扶持政策，实行了两个全额报销，即对申报知识产权的申报费用给予全额报销，对形成国家技术标准的企业所花费的各项费用给予全额报销。

第七章　典型新能源企业调研分析

为获得太原市典型新能源企业的发展情况以及山西省、太原市对区域内新能源企业的支持情况，课题组主要调研了山西新源煤化燃料有限公司与山西中电科新能源技术有限公司。

第一节　山西新源煤化燃料有限公司调研分析

2015 年 11 月 6 日，课题组对山西新源煤化燃料有限公司的发展情况以及政策需求情况进行了调研，访谈人员为山西新源煤化燃料有限公司张总经理与李总工程师。[①]

一、山西新源煤化燃料有限公司发展的要素体系

以下将介绍山西新源煤化燃料有限公司的发展状况，同时结合钻石模型，构建山西新源煤化燃料有限公司发展的要素框架。

（一）山西新源煤化燃料有限公司发展状况

山西新源煤化燃料有限公司是一家民营股份制企业，位于全国煤炭重化工基地山西省会城市太原。公司于 2002 年在山西省工商管理局登记注册成立，是一家专业从事煤基醇醚燃料生

① 具体访谈记录见附录六。

产的高新技术企业，公司现有职工 60 人，其中中高级工程技术人员 20 余人。

公司成立以来，利用山西丰富的煤化工资源，依托科研机构、大专院校的人才技术优势，致力于新型能源、新型燃料的研发生产。拥有三套现代化的醇醚燃料生产装置：一是年产 2 万吨的甲醇汽油、柴油变性醇生产调配装置；二是年产 5000 吨的醇醚燃料添加剂生产装置；三是年产 3 万吨的甲醇轻烃低温醚化生产装置。另外还有一套较为完善的产品质量监督检验设备，为产品的全过程监督检验以及新产品后续开发创造了有利的条件。

公司主要产品为高清洁甲醇汽油用改性醇、甲醇复合柴油、生物质油与纳米级微乳柴油。围绕以上产品，公司又自主研发了甲醇汽油和柴油用添加剂、助溶剂、动力增强剂、腐蚀抑制剂等车用、炉用、灶用燃料油系列产品。甲醇汽油和高清洁车用柴油经中国科学院工程热物理所代用燃料发动机实验室、山西省质量技术监督局汽车产品质量监督检验站台架试验检验合格，符合相关国家及山西省甲醇汽油地方标准。

（二）山西新源煤化燃料有限公司发展的要素框架

借鉴钻石模型，结合调研结果，分别从企业发展的基本要素与辅助要素出发，对能够促进山西新源煤化燃料有限公司发展、提升其区域竞争优势的要素进行分析。

本书构建了基于钻石模型的山西新源煤化燃料有限公司发展要素框架，如图 7-1 所示。

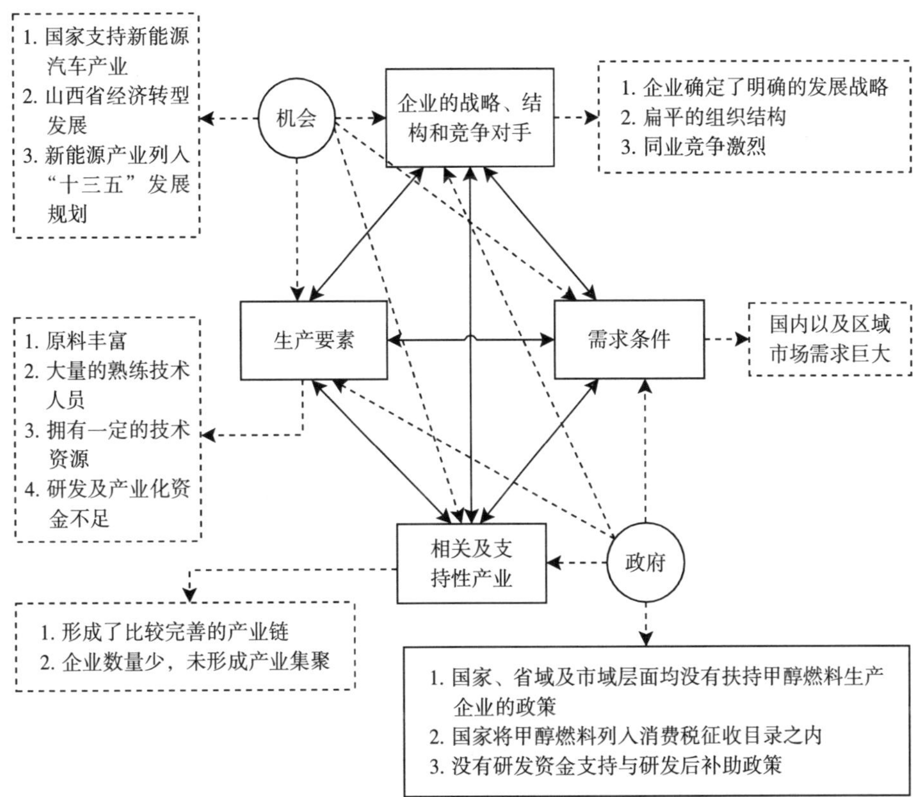

图 7-1　基于钻石模型的山西新源煤化燃料有限公司发展要素框架

二、山西新源煤化燃料有限公司发展的基本要素分析

以下分别从生产要素，需求条件，相关及支持性产业，企业的战略、结构和竞争对手方面分析山西新源煤化燃料有限公司发展的基本要素。

（一）生产要素

从自然资源要素来看，山西省是全国的能源重化工基地，煤炭资源储量大、质量好，能源重化工发展具有先天优势；煤化工产业基础深厚，煤化工技术成熟，甲醇原料资源充足，可采用多种工艺路线低成本生产甲醇，发展燃料甲醇替代成品油具有明显的资源、成本和竞争优势。

在人力资源方面，山西甲醇燃料行业经过几十年的发展，拥有大量的熟悉甲醇燃料制造工艺的工程师和技术人员。

在技术资源方面，企业有专门的研发团队，拥有一定的技术实力。截至 2015 年 10 月，公司累计申请专利 13 项，授权专利 11 项，全部为发明专利。

在知识资源方面，企业与太原市的许多科研院所与高校均有合作，如山西煤化所、太原理工大学、中北大学等，这些科研院所与高校为企业的发展提供了充足的知识资源。

在资本资源方面，企业需要投入大量的研发资金，由于筹资渠道有限，企业的研发投入全部为自有资金，项目产业化所需资金缺少外部筹资的渠道，资本资源短缺极大地限制了企业的发展。

（二）需求条件

市场需求空间很大，发展醇醚燃料有利于缓解我国石油供需矛盾，甲醇燃料包括二甲醚、车用甲醇燃料以及甲醇汽油。目前，全国已经有 20 多个省市试点推广了 M35 以下低比例甲醇汽油，甲醇汽油加注站也将继续增加，相关标准将得到进一步完善，使车用甲醇的使用更加广泛，大幅增加甲醇燃料的需求。

国内对甲醇燃料汽油的提倡以及甲醇燃料电池的研制成功，为我国甲醇产品开拓了更为广阔的市场，也为我国甲醇产业提供了进一步发展的良好机遇。因此，新的应用领域消费的增长极大地拉动了甲醇燃料需求的增长。

（三）相关及支持性产业

产业链相对完整。上游煤化工产业的快速发展为甲醇燃料的生产提供了丰富的原料，下游产业包括新能源汽车、建筑材料等产业，为甲醇燃料产业的发展起到了积极的推动作用。

（四）企业的战略、结构和竞争对手

公司确立了明确的发展战略，积极支持研发与创新活动，不断开发该领域的新产品，如公司积极推进聚甲氧基二甲醚的产业化进程，使公司能够在外部石油市场急剧变化的环境下生存并实现发展。

作为民营企业，公司在管理方面采取扁平化的组织结构，设计了有效的创新激励制度，营造了有利于创新的氛围，极大地激发了员工的创新积极性。

同业竞争激烈。上海、贵州、陕西等地均在积极建设甲醇燃料项目，如 2014 年晋煤集团 30 万吨/年、新疆新业 10 万吨/年、陕西宝氮 12 万吨/年等众多甲醇制清洁燃料（MTG）项目将建成投产，国内 MTG 总产能会达到 100 万吨。

三、山西新源煤化燃料有限公司发展的辅助要素分析

以下分别从机会与政府两个方面分析山西新源煤化燃料有限公司发展的辅助要素。

（一）机会

从国家宏观环境来看，国家积极扶持新能源汽车产业的发展，特别是甲醇燃料汽车、燃气汽车与电动汽车；从省域层面来看，山西省积极推进经济转型与低碳发展；从市域层面来看，太原市将新能源产业列为“十三五”时期重点发展的产业，并在积极推进“十三五”时期新能源产业规划的编制，同时太原市也在积极推进新能源汽车示范城市的建设。因此，可以充分利用这些发展机会，加大技术研发，快速推出新产品，扩大生产规模，提高竞争能力。

（二）政府

政府专项工作支持。2001 年山西省成立了燃料甲醇与甲醇汽车领导组，领导组成员囊括了发改委、经信委等 16 个委办厅

局与中石化山西分公司，成立10余年先后下发数个文件支持甲醇产业的发展。

制定行业产品规格标准。山西省已经出台的标准包括2008版《M5、M15车用甲醇汽油》（替代2003版《M5、M15车用甲醇汽油》）、2008版《车用甲醇汽油变性醇》、2008版《M85、M100车用甲醇燃料》、2008版《车用甲醇汽油组分油》等。

出台具体产业化推广政策。如《关于加快实施我省燃料甲醇和甲醇汽车产业化的报告》、《关于加快我省燃料甲醇和甲醇汽车产业化示范推广与若干措施》等文件，引导产业发展要素向甲醇燃料及甲醇汽车领域集聚。

在研发扶持方面，省域以及市域均没有对该类企业提供研发资金支持，也没有实施研发后补助政策。

国家将甲醇燃料列入消费税征收目录之中，影响了企业的积极性。国税局2012年11月下发的47号文件提出："纳税人以原油或其他原料生产加工的在常温常压条件下（25℃/一个标准大气压）呈液态状（沥青除外）的产品，按以下原则划分是否征收消费税：①产品符合汽油、柴油、石脑油、溶剂油、航空煤油、润滑油和燃料油征收规定的，按相应的汽油、柴油、石脑油、溶剂油、航空煤油、润滑油和燃料油的规定征收消费税；②本条第①项规定以外的产品，符合该产品的国家标准或石油化工行业标准的相应规定（包括产品的名称、质量标准与相应的标准一致），且纳税人事先将省级以上（含）质量技术监督部门出具的相关产品质量检验证明报主管税务机关进行备案的，不征收消费税；否则，视同石脑油征收消费税。"[①]

① 国家税务总局. 国家税务总局关于消费税有关政策有问题的公告［EB/OL］. http：//www.tax.sh.gov.cn/pub/xxgk/zcfg/xfs/201211/t20121116_400936.html，2012-11-06.

按照此规定，如混合芳烃、芳烃汽油、甲醇汽油等主要调和汽油原料均在征收范围内。由于甲醇燃料中的甲醇含量是需要缴纳消费税的，甲醇汽油中甲醇比例越高，则缴纳的消费税会越多。在石油价格下降的环境下，消费税的征收提高了甲醇燃料生产企业的成本，不利于甲醇燃料的销售与推广，极大地挫伤了企业的积极性，限制了甲醇燃料生产企业的发展，从而影响了甲醇汽车的推广使用。

第二节　山西中电科新能源技术有限公司调研分析

2015 年 11 月 6 日，课题组对山西中电科新能源技术有限公司的发展情况以及政策需求情况进行了调研，访谈人员为山西中电科新能源技术有限公司杜总经理与李总工程师。[①]

一、山西中电科新能源技术有限公司发展的要素体系

以下将介绍山西中电科新能源技术有限公司的发展状况，同时结合钻石模型，构建山西中电科新能源技术有限公司发展的要素框架。

（一）山西中电科新能源技术有限公司发展状况

山西中电科新能源技术有限公司是中国电子科技集团公司第二研究所（央企）下属国有控股公司，注册资金 2.3 亿元。中国电子科技集团公司第二研究所是专业从事电子专用设备研发制造的国家级研究所，是国家科技部“863”计划项目和国家发

① 具体访谈记录见附录六。

改委产业化项目承担单位，有多项产品列入国家重点新产品计划和国家火炬计划。

太阳能是人类取之不尽、用之不竭的可再生能源，光伏行业作为新能源产业具有不可限量的发展潜能。2010 年第二研究所利用光伏设备自主知识产权，依托集团公司光伏上下游产业优势，顺应山西省产业转型发展需要，创办了山西中电科新能源技术有限公司，主要从事太阳能多晶硅片、太阳能电池片、太阳能组件的研发、生产、销售，以及光伏发电系统设计，光伏设备及仪器、电子工艺装备的销售。

作为中国电子科技集团公司与山西省、太原市战略合作的载体，同时也是山西省和太原市光伏类项目建设的承担单位，中电科新能源技术有限公司在省内转型优势突出，被评为山西省工业转型发展百强潜力企业、太原市绿色百强示范项目企业、高新技术企业。

公司目前有员工 100 余人，是山西省最大的太阳能多晶硅片及组件生产制造企业，年产值可以达到 4.2 亿~4.3 亿元。但由于近几年光伏行业的过度竞争，造成光伏产品利润直线下降，公司年平均利润大约为 100 万元。

（二）山西中电科新能源技术有限公司发展的要素框架

借鉴钻石模型，结合调研结果，本书分别从企业发展的基本要素与辅助要素出发，对能够促进山西中电科新能源技术有限公司发展、提升其区域竞争优势的要素进行分析。

本书构建了基于钻石模型的山西中电科新能源技术有限公司发展要素框架，如图 7-2 所示。

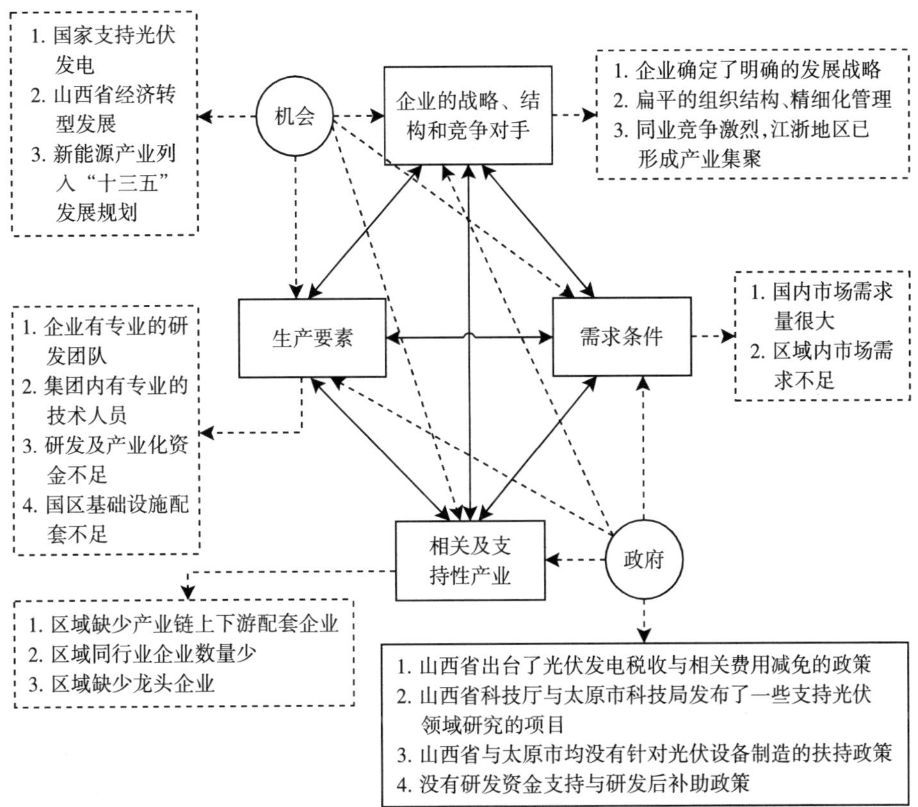

图 7-2　基于钻石模型的山西中电科新能源技术有限公司发展要素框架

二、山西中电科新能源技术有限公司发展的基本要素分析

以下分别从生产要素，需求条件，相关及支持性产业，企业的战略、结构和竞争对手方面分析山西中电科新能源技术有限公司发展的基本要素。

（一）生产要素

公司隶属于中国电子科技集团公司第二研究所，集团内部有丰富的具有技术背景的人员，可以为公司提供充实的人才资源。

在技术资源方面，公司有专门的研发团队，承担了国家、省及市级科研项目，拥有一定的技术实力。截至 2015 年 10 月，公司累计申请专利 29 项，授权专利 18 项，其中发明专利 2 项。

在知识资源方面，公司与太原市的许多科研院所与高校均有合作，如太原理工大学、中北大学等，这些科研院所与高校为公司的发展提供了充足的知识资源。

在资本资源方面，公司需要投入大量的研发资金，由于筹资渠道有限，公司的研发投入全部为自有资金，项目产业化所需资金也是通过集团内部筹集，缺少外部筹资的渠道，资本资源短缺极大地限制了企业的发展。

在基础设施方面，公司地处太原市经济开发区，周边缺少配套的生活与交通设施，极大地限制了公司人员的招聘。

（二）需求条件

市场需求空间很大，公司生产的是中间产品，集团内部有下游产品的生产，所以其产品主要在集团内部消化。除此之外，公司的产品也销往湖南、江苏、台湾等地，但本地销量较少，主要供应晋能集团。

整体来看，产品国内市场需求很大，但区域市场需求有限。产品销往外地，增加了产品的销售成本。

（三）相关及支持性产业

区域内产业链不完整，一方面缺少下游产业，产品终端市场开发不足，公司的产品需要经过远距离运输销往外地，提高了公司的销售成本，不利于公司竞争能力的提高。另一方面，缺少上游配套企业。现在太原市做太阳能多晶硅片的只有该公司一家，原材料都是从外省运进来，生产加工完以后的副材料仍需要运回产地进行无公害化处理，大大提高了原材料的采购成本。如果遇到雨雪天，原材料就会无法及时到厂，生产就会停工，造成高额的停工损失。

（四）企业的战略、结构和竞争对手

公司确立了明确的发展战略，积极支持研发与创新活动，不断开发该领域的新产品，使公司能够在外部光伏市场急剧变化的环境下生存并实现发展。

在管理方面，公司采取扁平化的组织结构，延续了兵工企业的精细化管理，管理制度明确、奖惩严明，设计了有效的创新激励制度，营造了有利于创新的氛围，极大地激发了员工的创新积极性。

同业竞争激烈。现阶段，江浙地区的企业在该领域已经做得非常成功，最有代表性的企业为江苏徐州的协鑫集团控股有限公司，其为中国首家突破年产万吨级以上多晶硅产能和产量的企业，是全球最大的多晶硅生产企业之一，也是全球硅片产能最大的企业。江苏光伏相关的配套企业达到了70%以上，产业集聚优势明显。同时，这些成功的地区能够及时抓住市场需求，积极吸引和支持企业进入光伏发电行业，主要的扶持特点为：支持市场需求端的开发，明确的政策扶持导向；企业可以享受省、市、县三级的政策优惠，光伏发电补贴力度较大，具体政策措施落实效果好。

三、山西中电科新能源技术有限公司发展的辅助要素分析

本部分分别从机会与政府两个方面分析山西中电科新能源技术有限公司发展的辅助要素。

（一）机会

从国家宏观环境来看，国家积极扶持光伏发电，特别是分布式光伏发电站的建设；从省域层面来看，山西省积极推进经济转型发展，改变能源消费结构；从市域层面来看，太原市将

新能源产业列为“十三五”时期重点发展的产业，并在积极推进“十三五”时期新能源产业规划的编制。山西中电科新能源技术有限公司属于新能源企业，同时具备建设分布式光伏发电站的能力。因此，可以充分利用这些发展机会，加大技术研发，快速推出新产品，扩大生产规模，提高竞争能力，吸引配套企业在太原经济开发区集聚。

（二）政府

2014 年山西省出台了《山西省人民政府关于加快促进光伏产业健康发展的实施意见》（晋政发〔2014〕4 号），重点推进大型地面电站和分布式光伏电站，在 2015 年前，对光伏发电实行增值税即征即返 50%的政策；对分布式光伏发电自发自用电量免收随电价征收的各类政府性基金和附加；对光伏企业研发费用，政府也给予了优惠减免。

近几年，山西省科技厅与太原市科技局也陆续发布了一些支持光伏领域研究的项目，对提高光伏企业技术创新能力起到了积极的作用。

但通过对山西省与太原市相关政策的分析发现，缺少针对光伏设备制造的扶持政策，没有对该类企业提供研发资金支持，也没有实施研发后补助政策。

附　录

对正文补充的内容主要包括国家出台的新能源产业支持政策、山西省出台的新能源产业支持政策、太原市出台的新能源产业支持政策、新能源产业技术成熟度分析、山西省甲醇燃料行业发展的影响因素分析、新能源产业典型高新区与企业调研记录等。

附录一　国家出台的新能源产业支持政策

本部分主要收集了国家出台的光伏发电、风力发电等领域的相关支持政策。

一、国家出台的支持光伏发电产业发展的相关政策

我国出台的支持光伏发电行业发展的政策主要集中于2012~2014年，具体出台时间、出台部门以及政策内容如附表1-1、附表1-2与附表1-3所示。

附表 1–1　2012 年国家出台的关于光伏发电的政策文件

出台时间	出台部门	政策内容
1 月	财政部、科技部、国家能源局	《关于做好 2012 年金太阳示范工作的通知》
2 月	工信部	《太阳能光伏产业“十二五”发展规划》
3 月	科技部	《太阳能发电科技发展“十二五”专项规划》
5 月	国家能源局	《关于申报新能源示范城市和产业园区的通知》
6 月		《关于鼓励和引导民间资本进一步扩大能源领域投资的实施意见》
7 月	国家发改委	《可再生能源发展“十二五”规划》
	国家能源局	《太阳能发电发展“十二五”规划》
	国务院	《“十二五”国家战略性新兴产业发展规划》
8 月	财政部、住建部	《关于完善可再生能源建筑应用政策及调整资金分配管理方式的通知》
9 月	国家能源局	《关于申报分布式光伏发电规模化应用示范区的通知》
10 月	国家电网	《关于做好分布式光伏发电并网服务工作的意见（暂行）》
		《关于促进分布式光伏发电并网管理工作的意见（暂行）》
		《分布式光伏发电接入配电网技术规定（暂行）》
	国家能源局综合司	《关于编制无电地区电力建设光伏独立供电工程实施方案有关要求的通知》
11 月	财政部办公厅、科技部办公厅、住房城乡建设部办公厅、国家能源局综合司	《关于组织申报金太阳和光电建筑应用示范项目的通知》
	国家发改委、国家电监会	《关于可再生能源电价补贴和配额交易方案的通知》
	国家能源局	《可再生能源发电工程质量监督体系方案》

附表 1–2　2013 年国家出台的关于光伏发电的政策文件

出台时间	出台部门	政策内容
3 月	国家电网	《关于做好分布式电源并网服务工作的意见》
6 月	国家能源局	《分布式光伏发电示范区工作方案》
7 月	国务院	《关于促进光伏产业健康发展的若干意见》
	国家发改委	《分布式发电管理暂行办法》
	财政部	《关于分布式光伏发电实行按照电量补贴政策等有关问题的通知》

续表

出台时间	出台部门	政策内容
8月	国家能源局	《关于开展分布式光伏发电应用示范区建设的通知》
	国家发改委	《关于发挥价格杠杆作用促进光伏产业健康发展的通知》
		《关于调整可再生能源电价附加标准与环保电价的有关事项的通知》
	国家能源局、国家开发银行	《关于支持分布式光伏发电金融服务的意见》
9月	国家能源局	《光伏电站项目管理暂行办法》
	国家财政部	《关于光伏发电增值税政策的通知》
	工信部	《光伏制造行业规范条件》
10月	工信部	《光伏制造行业规范公告管理暂行办法》
	国家能源局	《关于征求2013年、2014年光伏发电建设规模的函》
11月	国家能源局	《关于分布式光伏发电项目管理暂行办法的通知》
	财政部	《关于对分布式光伏发电自发自用电量免征政府性基金有关问题的通知》

附表1-3　2014年国家出台的关于光伏发电的政策文件

出台时间	出台部门	政策内容
3月	国家能源局	《关于进一步落实分布式光伏发电有关政策的通知》
6月	国家能源局	《关于进一步加强光伏电站建设与运行管理工作的通知》
7月	国务院扶贫办、国家能源局	《关于光伏扶贫工作的会议纪要》

二、国家出台的支持风电产业发展的相关政策

我国出台的支持风电产业发展的政策主要集中于2013~2014年，具体出台时间、出台部门以及政策内容如附表1-4与附表1-5所示。

附表1-4　2013年国家出台的关于风电产业的政策文件

出台时间	出台部门	政策内容
2月	国家能源局	《关于做好2013年风电并网和消纳相关工作的通知》
	财政部、国家发展改革委、国家能源局	《关于可再生能源电价附加资金补助目录（第四批）的通知》

续表

出台时间	出台部门	政策内容
3月	国家能源局	《关于印发“十二五”第三批风电项目核准计划的通知》
		《关于进一步加强光伏电站建设与运行管理工作的通知》
		《关于做好风电清洁供暖工作的通知》
	财政部	《关于预拨可再生能源电价附加补助资金的通知》
5月	国家能源局	《关于加强风电产业监测和评价体系建设的通知》
		《关于建立服务能源企业科学发展协调工作机制的通知》
	国务院	《关于取消和下放一批行政审批项目等事项的决定》
9月	国家能源局	《关于调整可再生能源电价附加征收标准的通知》

附表 1-5　2014 年国家出台的关于风电产业的政策文件

出台时间	出台部门	政策内容
2月	国家能源局	《关于印发 2014 年能源工作指导意见的通知》
		《关于印发“十二五”第四批风电项目核准计划的通知》
3月	国家能源局	《关于做好 2014 年风电并网消纳工作的通知》
5月	国家能源局	《关于海上风电上网电价政策的通知》
6月	国家发改委	《全国海上风电开发建设方案（2014~2016）》
8月	国家能源局	《关于规范风电设备市场秩序有关要求的通知》
9月	国家能源局	《关于开展新建电源项目投资开发秩序专项监管工作的通知》

附录二　山西省及太原市出台的新能源产业支持政策

本附录主要收集了山西省与太原市出台的光伏发电、风力发电以及新能源汽车等领域的相关支持政策。

一、山西省出台的新能源产业支持政策

山西省最早支持新能源产业发展的政策为2011年8月25日山西省人民政府发布的《山西省人民政府关于加快培育和发展战略性新兴产业的意见》（以下简称《意见》）。该《意见》将新能源产业列为山西省战略性新兴产业的重点领域，并提出了山西省新能源产业发展的主要任务是：大力推广先进、高效、大功率的风能发电，鼓励资源和开发条件较好的地区加快开发；逐步普及太阳能热利用与建筑一体化技术，大力推广户用太阳能利用，建设若干个大型光伏发电项目和太阳能采暖、制冷示范工程；大力推进沼气工程和秸秆能源化利用，有序推进非粮生物燃料和生物质固体成型燃料发展；提高地热资源开发程度和利用率，推广各种形式的地热源供暖、制冷系统；积极推进智能电网系统建设；推进煤层气产业的快速发展。

2013年6月19日，山西省人民政府办公厅发布《关于加快推进全省电力建设的若干意见》，提出大力发展新能源，尽快制订山西省风电消纳方案，出台促进山西省调峰电源项目和蓄能用电负荷发展的措施，优化电网结构；力争“十二五”期末把山西省建成千万千瓦风电基地；大力发展水力、生物质能、太阳能、燃气等新能源发电；建设装机570万千瓦的新能源项目；尽快研究制定对燃气热电产业实施财政补贴的政策。

2013年8月13日，山西省人民政府办公厅发布《山西省人民政府关于加快推进煤层气产业发展的若干意见》，提出了“11265”煤层气产业布局，构建了从研发、试点、装备制造到勘探开采的完整产业链蓝图。

2014年，山西省政府密集出台了一系列新能源扶持政策，重点扶持光伏产业、新能源汽车产业与煤层气装备制造业（见

附表 2–1）。

附表 2–1　2014 年山西省出台的新能源产业支持政策

出台时间	政策文件名称	政策内容要点
2014 年 2 月 17 日	《山西省人民政府关于加快促进光伏产业健康发展的实施意见》	重点推进大型地面电站和分布式光伏电站，在 2015 年前，对光伏发电实行增值税即征即返 50%的政策；对分布式光伏发电自发自用电量免收随电价征收的各类政府性基金和附加；对光伏企业研发费用，政府也给予了优惠减免
2014 年 6 月 10 日	《山西省新能源汽车产业重大项目布局推进意见》	在山西省新能源汽车领域重点打造太原、晋中、晋城电动汽车产业基地，晋中、长治甲醇汽车产业基地，太原、运城、大同燃气汽车产业基地；到 2020 年，全省新能源汽车产能将达到 41 万辆，产销量 21 万辆，实现产值 500 亿元；太原市已被确定为电动汽车产业基地和燃气汽车产业基地
2014 年 11 月 12 日	《山西省加快推进新能源汽车产业发展和推广应用的若干政策措施》	共提出 14 条措施、31 项具体工作任务，为山西省未来几年内新能源汽车的发展奠定了政策基础
2014 年 12 月 8 日	《山西省煤层气装备制造业发展实施方案》	提出要建设太原、晋城两大煤层气装备制造基地；要求通过完善产学研合作机制、加大资金扶持力度、加快技术引进开发、加强人才队伍建设与创优产业发展环境等措施，推进煤层气产业的快速发展

二、太原市出台的新能源产业支持政策

在新能源产业支持政策方面，太原市最早出台了支持生物质能利用的相关政策措施。

2003 年太原市就开始发展沼气“富民工程”。为了加大沼气建设规模，2006 年太原市政府、太原市农业局先后出台了《关于农村沼气发展的实施意见》和《关于对发展农村沼气进行资金补助的意见》，要求太原市各县、市、区和各级农业部门在“十一五”期间主要进行“一池三改”和“四位一体”模式的村镇沼气建设。

为了扩大新能源的市场需求，2008 年太原市出台了《关于推进建筑中可再生能源应用的实施意见》，明确新建、改建及既有建筑采暖系统改造工程项目选择使用污水源等热泵技术系统进

行采暖，经市建筑节能管理机构对工程项目认定，对中水源热泵给予 50 元/平方米的项目奖励补贴。

2012 年 12 月，太原市经信委发布《关于新兴产业项目专项资金使用管理实施意见的通知》，对国家、省、市“十二五”规划重点发展的工业新兴产业项目，《太原工业振兴行动方案》中提出的七大工业新兴产业项目提供资助，这些新兴产业项目均包括新能源产业项目。

2014 年，太原市政府发布了《太原市人民政府关于加快推进光伏产业发展的实施意见》（并政发〔2014〕26 号），促进太原市光伏研发、制造和规模化应用示范。

2014 年 8 月，太原市政府发布了《太原市新能源汽车推广应用实施方案》（并政办发〔2014〕56 号），提出采用车辆购置补贴和基础设施建设补贴、加大政府机关及公共服务领域新能源汽车推广应用力度、实行新能源出租车营运优惠政策、制定纯电动汽车充电价格优惠政策、设立新能源汽车运行管理信息化服务平台专项资金、完善充电设施用地政策等措施，从拉动需求的角度促进新能源汽车产业的发展。

附录三　典型省份出台的光伏产业支持政策

为了与山西省及太原市出台的光伏产业支持政策进行对比，本附录主要收集了河北省、陕西省、山东省以及河南省洛阳市对光伏产业的具体支持政策。

一、河北省出台的光伏产业支持政策

1. 冀政〔2010〕13号《河北省关于促进光伏产业发展的指导意见》

具体的支持内容为：在安排河北省产业发展专项资金时，对光伏产业给予适当倾斜。财政性投资建设的公共建筑，应率先实施光电建筑一体化，并优先采购使用省内生产的优质光伏产品；光电建筑一体化示范项目经财政部门批准后享受城市配套资金减免优惠政策；对生产和使用省产首台（套）光伏装备的企业和单位给予适当奖励；认定为国家和省级的技术中心、重点实验室、工程技术研究中心，给予一定额度的资金补助；鼓励企业加大科技研发投入，符合条件的研发项目可享受研发费用税前加计扣除优惠政策。

装机容量1兆瓦及以上的光伏电站和光电建筑一体化项目，并入10千伏及以上电网运行，接网工程建设参照现行风电接网办法和标准执行；低于1兆瓦的光电建筑一体化项目，可采取低压侧就近并网。自发自用，未享受电价补贴的光伏发电项目，可从省产业发展专项资金中给予适当补助。

2.冀政〔2013〕83号《河北省关于进一步促进光伏产业健康发展的指导意见》

具体的支持内容为：控制产能和市场准入，提高行政效率，给予财税政策支持，加大金融政策支持，完善土地鼓励政策，加大电价补贴力度（分布式光伏发电实行国家0.42元/度的补贴政策；光伏电站对2014年底建成投产的按照每千瓦补贴0.3元执行，2015年底前建成投产的补贴0.2元，2017年底前建成投产的补贴0.1元，自投产之日起执行3年）。

3. 冀发改能源〔2014〕877 号《关于下达 2014 年光伏电站项目计划安排的通知》

具体的支持内容为：为促进全省光伏电站又好又快有序发展，采取下达年度建设项目计划和备选项目计划两种形式。安排 2014 年建设项目计划 17 项，备案装机容量 64.25 万千瓦，建成后首期享受电价补贴装机容量 40 万千瓦；安排备选项目计划 43 项，总容量 105.26 万千瓦。

由以上的政策文件可以发现，河北省的分布式光伏只是执行国家的基本补贴，没有任何额外的补贴；光伏电站补贴很明确，而且有明确的补贴年限。

二、陕西省出台的光伏产业支持政策

2014 年，陕西省出台了《关于示范推进分布式光伏发电的实施意见》，明确了光伏产业的支持方向。

1. 陕财办建〔2015〕133 号《省级示范推进分布式光伏发电补助资金管理办法》

具体的支持内容为：在落实好国家现有电价补助政策的基础上，省级财政资金按照 1 元/瓦标准给予一次性事后投资补助。按照示范项目采购的“省内企业生产的光伏组件和逆变器总金额 ÷ 全部光伏组件和逆变器总金额 × 装机容量 × 1 元”标准进行相应的补贴。

补助资金执行期限。从 2015 年 1 月 1 日起至 2017 年 12 月 31 日，期限 3 年。对已享受国家金太阳示范工程补助资金、太阳能光电建筑应用财政补助资金、省级节能专项资金（包括省级节能技改专项资金、省级建筑节能专项资金、省级分布式光伏发电建设专项资金等）支持的光伏发电项目，不再进行补助。

市县财政可根据当地情况对示范推进分布式光伏发电项目

给予适当补助，具体标准和补助办法由市县财政局自行确定。

2. 陕西省商洛市出台《关于加快商洛光伏发电产业发展的建议》

具体的支持内容为：对在商洛市注册并全部使用市内企业生产的电池板、组件的发电企业，除享受省有关补贴外，市县财政再按发电量给地面光伏电站和分布式光伏电站补贴每度 0.01 元和 0.05 元。

对在商洛市注册、缴纳税金且累计在市内安装光伏发电装机达到 50 兆瓦以上、管理维护光伏发电装机超过 100 兆瓦的公司，按其劳务报酬计征的个人所得税的 5%作为一次性奖励。

由以上的政策文件可以发现，陕西省未给予地面电站任何优惠政策；给予分布式 1 元/瓦的初始投资补贴（折合约 0.07~0.1 元/千瓦时）。

三、山东省出台的光伏产业支持政策

山东省出台的有明确补贴方案的光伏产业政策为：鲁政发〔2014〕16 号《关于贯彻落实国发〔2013〕24 号文件促进光伏产业健康发展的意见》（以下简称《意见》）。

该《意见》明确了山东省对光伏产业的补贴方案，具体为：2013~2015 年，纳入国家年度指导规模的分布式光伏发电项目，所发全部电量在国家规定的每千瓦时 0.42 元补贴标准基础上，省级再给予每千瓦时 0.05 元的电价补贴；已享受国家金太阳和光电建筑一体化应用示范工程补助资金扶持的项目不再享受以上补贴。

四、河南省洛阳市出台的光伏产业支持政策

河南省洛阳市出台的有明确补贴方案的光伏产业政策为：洛政〔2013〕108 号《关于加快推广分布式光伏发电的实施意见》

（以下简称《意见》）。

该《意见》明确了洛阳市对光伏产业的补贴方案，具体为：对 2015 年底前建成并网发电且优先使用洛阳市企业生产的组件的分布式光伏发电项目，按其装机容量给予 0.1 元/瓦的奖励，连续奖励 3 年。

附录四 制约山西省甲醇燃料行业发展的因素分析

以下分别从山西省甲醇燃料行业发展现状、制约山西省甲醇燃料行业发展的因素分析两个方面来探讨山西省甲醇燃料行业停滞不前的原因。

一、山西省甲醇燃料行业发展现状

山西省是我国的煤炭大省，也是世界焦炭主产地。除了煤炭外，炼焦产生的焦炉煤气、煤层气都可以变废为宝，用于生产甲醇。现阶段，在山西煤炭外运压力加大与产业转型的双重压力下，发展甲醇燃料产业意义重大。

山西省甲醇燃料行业的发展最早可以追溯到 1995 年，当时科技部通过考察，将中美合作的甲醇汽车项目放到山西，当时的国家经贸委也批复在山西试点 M15、M85。煤炭资源是山西省的优势，把煤炭转化为甲醇燃料是一举两得的事情，既能提高煤炭加工转化的经济效益，又可以替代汽油，从而减少汽油消耗，缓解我国石油短缺的问题。

从甲醇燃料行业发展规模来看，2001 年山西省推出 M15，只建有两个甲醇燃料加油站；2002 年在临汾、晋城、太原、阳泉四个市进行了甲醇燃料试点，甲醇燃料加油站数量达到了 100 家左右；2004 年甲醇燃料在全省推广。截至 2015 年底，销售 M15 的加油站数量在 700 家左右。

从甲醇燃料行业的管理层面来看，2001 年山西省成立了燃料甲醇与甲醇汽车领导组，组长一直由省长担任，领导组成员囊括了发改委、经信委等 16 个委办厅局与中石化山西分公司等的相关管理人员。

从支持甲醇燃料行业的相关政策来看，山西燃料甲醇与甲醇汽车领导组自成立之日起，先后下发数个文件支持甲醇燃料行业的发展。2004 年山西省出台支持车用甲醇汽油产业化试点政策：凡使用 80%~100%高浓度甲醇的汽车，到 2006 年底为止，免征养路费和客运附加费；2008 年 8 月 20 日，为提倡使用环保燃料，山西省把使用高比例甲醇的汽车免收养路费的政策延续到 2010 年；出台了相关的产品标准，如 2008 版《M5、M15 车用甲醇汽油》（替代 2003 版《M5、M15 车用甲醇汽油》）、2008 版《车用甲醇汽油变性醇》、2008 版《M85、M100 车用甲醇燃料》、2008 版《车用甲醇汽油组分油》等。

2009 年底，高比例甲醇汽油（注：在业内，M85[①] 被称为高比例，M5、M15 被称为低比例）历经多方努力，终于从地方与企业的自行发展上升为全国性标准。当年 12 月，《车用燃料甲醇》和《车用甲醇汽油（M85）》国家标准实施，甲醇燃料市场化迈出至关重要的一步。

① M85 甲醇汽油：在燃料甲醇中添加甲醇汽油添加剂，一般是 2%的添加剂和 98%的甲醇混合后就成为变性甲醇。然后按照 85：15 的比例把变性甲醇和汽油经过科学工艺调配均匀，并加入有效的汽油清净剂即为 M85 甲醇汽油。

二、制约山西省甲醇燃料行业发展的因素分析

制约山西省甲醇燃料行业发展的因素包括：缺少低比例甲醇汽油的国家标准；征收高比例的成品油消费税；甲醇燃料生产企业缺少产品定价自主权。

1. 缺少低比例甲醇汽油的国家标准

在经过多年的呼吁，低比例甲醇汽油（M15）的国家标准至今杳无音讯。一些分析人士认为,《车用燃料甲醇》和《车用甲醇汽油（M85)》两个国标能够顺利推出的原因在于：燃料甲醇与M85推广的先决条件是汽车必须改装发动机，这就决定了燃料甲醇与M85大面积推广尚需时日。而M15无须改装发动机，如果M15国标通过，必然会快速分割成品油市场。国家层面支持力度小也被业内专家认为是M15推广受阻的主要原因。

2. 征收高比例的成品油消费税

相比乙醇汽油“自上而下”的强大推力，“自下而上”寻求突围的甲醇汽油目前还面临着消费税掣肘。同为替代能源，天然气一直享受免征消费税政策，乙醇是先征后返，只有甲醇在执行成品油的消费税政策。我国出台的成品油消费税政策如附表4–1所示。

附表4–1　我国近年来出台的成品油消费税政策

出台主体	政策文件	政策的主要内容
财政部国家税务总局	《关于调整部分成品油消费税政策的通知》	①自2008年1月1日起，对石脑油、溶剂油、润滑油按每升0.2元征收消费税，燃料油按每升0.1元征收消费税；②自2008年1月1日起至2010年12月31日止，进口石脑油和国产的用作乙烯、芳烃类产品原料的石脑油免征消费税（本条款中关于进口石脑油免征消费税的规定失效，参见:《财政部　国家税务总局关于公布废止和失效的消费税规范性文件目录的通知》(财税〔2009〕18号)
财政部国家税务总局	《关于调整成品油进口环节消费税的通知》	自2008年3月1日起，对进口溶剂油、石脑油、润滑油、燃料油恢复按法定税率征收消费税；对进口石脑油暂免征收消费税

续表

出台主体	政策文件	政策的主要内容
国家税务总局	《石脑油消费税免税管理办法》	石脑油消费税适用《消费税税目税率（税额）表》"成品油"税目下设的"石脑油"子目，征收范围包括除汽油、柴油、煤油、溶剂油以外的各种轻质油
国家税务总局	《关于上海赛孚燃油发展有限公司生产的甲醇汽油征收消费税问题的批复》	根据《国家税务总局关于印发修订后的〈汽油、柴油消费税征收范围注释〉的通知》（国税发〔1998〕192号）规定，甲醇汽油属于消费税征税范围，应按规定征收消费税
国务院	《关于实施成品油价格和税费改革的通知》	①提高成品油消费税单位税额，汽油消费税单位税额每升提高0.8元，柴油消费税单位税额每升提高0.7元，其他成品油单位税额相应提高，加上现行单位税额，提高后的汽油、石脑油、溶剂油、润滑油消费税单位税额为每升1元，柴油、燃料油、航空煤油为每升0.8元；②实行特殊用途成品油消费税政策，对外购或委托加工收回的汽油、柴油用于连续生产甲醇汽油、生物柴油的，准予从消费税应纳税额中扣除原料已纳消费税税款
财政部 国家税务总局	《关于提高成品油消费税税率的通知》	①将无铅汽油的消费税单位税额由每升0.2元提高到每升1.0元，将含铅汽油的消费税单位税额由每升0.28元提高到每升1.4元；②以汽油、汽油组分调和生产的甲醇汽油和乙醇汽油也属于本税目征收范围
财政部 国家税务总局	《关于提高成品油消费税的通知》	自2014年11月29日起，汽油、石脑油、溶剂油、润滑油消费税定额税率提高0.12元/升，柴油、燃料油、航空煤油消费税定额税率提高0.14元/升，航空煤油消费税继续暂缓征收
财政部 国家税务总局	《关于继续提高成品油消费税的通知》	将汽油、石脑油、溶剂油和润滑油的消费税单位税额由1.4元/升提高到1.52元/升

2008年12月，财政部、国家税务总局下发《关于提高成品油消费税税率的通知》（财税〔2008〕167号）明确提出，将无铅汽油的消费税单位税额由每升0.2元提高到每升1.0元，且以汽油、汽油组分调和生产的甲醇汽油和乙醇汽油也属于本税目征收范围。

随后发布的财税〔2008〕168号文件规定，对使用外购或委托加工收回的已税汽油生产的乙醇汽油免税。财政部和国家税务总局下发的财税〔2011〕102号文件也规定以粮食为原料生产用于调配车用乙醇汽油的变性燃料乙醇，实行增值税先征后退政策。也就是说，国家对乙醇汽油实行消费税免征，而对于甲醇汽油中所用的变性甲醇部分，则要按照汽油标准征收消费税。

据了解，全国其他省市均未对甲醇燃料征收消费税，而山西省国税局根据国家税务总局成品油消费税征收相关规定，已对山西省生产变性醇及甲醇汽油的企业征收消费税。

自 2014 年下半年起，国际油价连续下跌，一度从 110 美元左右跌至 50 美元左右，跌幅达 50%以上；而财政部、国家税务总局分别在 2014 年 11 月 29 日、2014 年 12 月 13 日、2015 年 1 月 13 日三次上调成品油消费税，其中，汽油消费税单位税额共计上调 0.52 元/升，上调至 1.52 元/升，甲醇汽油的消费税也在上调之列。连续上调石油消费税，对于燃料甲醇及甲醇行业的发展而言是难以逾越的障碍。

3. 甲醇燃料生产企业缺少产品定价自主权

甲醇燃料生产企业的发展建立在稳定的盈利上，通过分析甲醇燃料的成本与价格，可以对甲醇燃料生产企业的盈利能力做出初步的判断。

首先，甲醇燃料生产企业需要从外部购进甲醇，以此作为原料进行变性加工。甲醇的价格与市场需求有很大关系，油价高峰期的 2012 年 3 月 20 日，山西甲醇生产企业之一——山西丰喜集团（后更名为阳煤丰喜）的甲醇价格为每吨 2700 元；油价低峰期的 2014 年 12 月 26 日，阳煤丰喜的甲醇价格为每吨 1800 元。

其次，甲醇原料还需加入多种添加剂，经过变性后才能与成品油调配，所以上述价格仅为甲醇原料价格，并非变性醇的完全成本。以甲醇进价 1800 元/吨为例，变性燃料甲醇的成本构成为：甲醇价格 1800 元 + 调配费 1050 元 + 消费税 1924 元 + 增值税 700 元（注：每吨甲醇约合 1266 升，目前，甲醇燃料消费税参照汽柴油标准征收即 1.52 元/升，折合每吨为 1266 × 1.52=

1924.32 元），每吨甲醇燃料的成本合计约为 5474 元。而甲醇燃料生产企业从石油公司结算回来的卖价只有 4800 元/吨（注：市场同期可接受的价格为 4300 元/吨）。可以看出，甲醇燃料生产企业的收入根本无法弥补其生产成本，甲醇燃料生产企业不仅无法盈利，而且存在较大的亏损空间。

最后，甲醇燃料生产企业缺少产品定价自主权。一方面，由于甲醇汽油划归到成品油，而成品油的定价权在国家发改委，省里没有权力做出调整。在 2009 年 5 月国家发改委发布的《石油价格管理办法（试行）》中，明确了“乙醇汽油价格政策按同一市场同标号普通汽油价格政策执行”，甲醇汽油未有提及。另一方面，山西省物价局从未对甲醇汽油销售价格进行核定，10 多年来 M15 甲醇汽油参照同标号 93# 汽油销售价格执行；山西省物价局曾于 2006 年 9 月、2014 年 8 月两次向国家发改委上报了制定甲醇汽油销售价格的请示，但未得到批复。

三、总结

新能源作为新兴产业之一，是一项风险大、投入多、见效慢的产业。在产业发展初期，需要政府扶持才能得以壮大。因此，甲醇燃料行业的发展需要国家大力推动，不仅要在标准、法规、示范及市场准入等方面给予相应的支持，而且需要对甲醇燃料行业的技术科研活动给予支持。

目前，山西省甲醇燃料生产企业发展面临诸多困难，其中最大的制约因素为缺少甲醇燃料行业支持政策和甲醇燃料的国家技术标准。

现阶段，甲醇生产企业不做燃料、做燃料的企业不生产甲醇的现象普遍存在，加油站对甲醇汽油的接受程度也各不相同。通过以上分析发现，甲醇燃料行业无法快速发展主要有两个方面的原因：其一，甲醇燃料 M15 国家标准缺失，行业内存在不同利益集团间的利益之争。其二，对于甲醇燃料 M85 来说，虽然有国家标准，但按照国家税法的规定，甲醇燃料 M15 与 M85 均需要征收消费税，提高了甲醇燃料的成本。

综合以上分析，可以得到：甲醇燃料行业作为新能源产业的一类，不仅需要企业自身的内在发展动力，更需要政府出台相关的产业扶持政策。有关部门应出台甲醇燃料使用标准，制定促进甲醇燃料推广的优惠政策，给予甲醇燃料生产企业一定的税收优惠政策，吸引民间资本进入该行业，并通过补贴的形式激励经营者和消费者使用甲醇燃料。

附录五　新能源产业技术成熟度分析

通过分析我国新能源产业的技术成熟度，可以明确太原市未来可以发展的、有发展潜力的新能源产业。

一、基于专利分析的新能源技术发展趋势

通过在佰腾网中国专利数据库进行检索，截至 2015 年 6 月 6 日，我国 1998~2014 年在风电、核电、光伏发电、生物质能、地热能、新能源汽车领域的专利数据如附表 5-1 所示，专利数量的变化趋势如附图 5-1 所示。

附表 5-1　1998~2014 年我国新能源领域的专利数据

单位：件

年份	风电	核电	光伏发电	生物质能	地热能	新能源汽车
1998	30	13	1	2	2	1
1999	52	17	1	2	3	1

续表

年份	风电	核电	光伏发电	生物质能	地热能	新能源汽车
2000	32	15	3	2	8	2
2001	70	15	1	2	3	3
2002	77	21	4	2	4	2
2003	94	22	3	4	5	9
2004	120	34	3	4	13	12
2005	197	36	13	10	10	9
2006	321	85	27	16	10	36
2007	617	83	79	43	17	45
2008	936	157	120	56	21	31
2009	1514	221	236	107	23	30
2010	2443	616	400	125	45	104
2011	3438	808	631	197	65	357
2012	4027	1174	884	237	64	553
2013	3899	1587	1328	295	111	760
2014	3352	1920	1401	331	107	995

从附表 5-1 可以看出，我国在风电、核电领域的研发活动比较活跃，1998 年时风电、核电领域便分别拥有 30 件与 13 件的专利申请量。

1998~2004 年，光伏发电、新能源汽车、生物质能与地热能技术领域尚处于起步阶段，即该阶段，光伏发电、新能源汽车、生物质能与地热能领域的技术发明与产品生产活动刚刚开始，只有很少的企业参与到这些技术领域的研发活动中。因此，该阶段光伏发电、新能源汽车、生物质能与地热能领域的专利申请量很少，但是详细分析这些专利的内容可以发现，这些专利的质量很高，大多数是基础性专利。

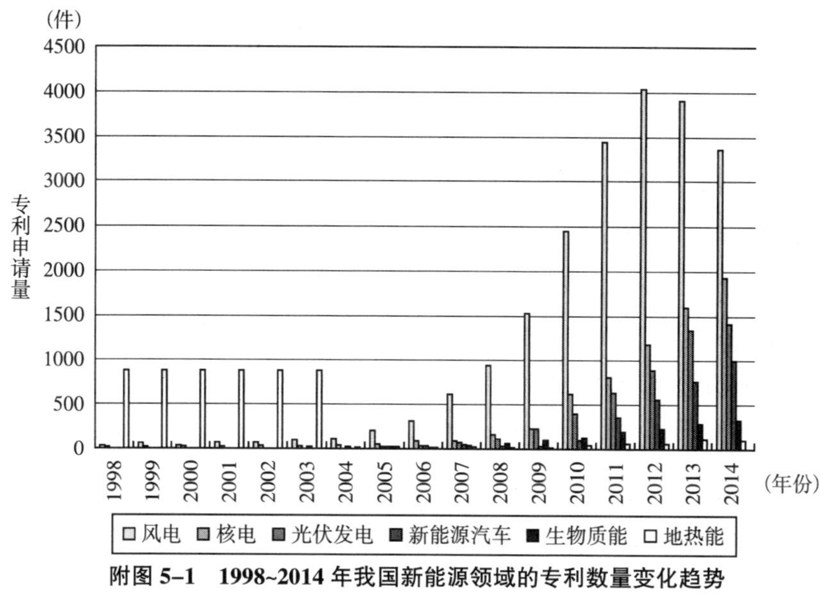

附图 5-1 1998~2014 年我国新能源领域的专利数量变化趋势

观察附图 5-1 可以得到，“十一五”期间，新能源领域的技术研发活动开始进入发展阶段，增长幅度远远高于上个阶段。其中，风电技术的专利申请量增幅最高，核电、光伏发电和新能源汽车的专利数量增长适度，生物质能和地热能领域的专利数量虽然不多，但也呈现平稳增长态势。该阶段新能源领域专利数量的变化趋势说明，新能源技术成熟度不断提高，新能源产品的市场规模也不断扩大。

进入“十二五”时期后，风电领域的技术研究活动快速增加，技术水平日益成熟。风电技术领域的企业数量不断增加，竞争日益加剧，而有限的市场需求使得进入该行业的许多企业无法适应激烈的市场竞争，从而破产或退出该行业。因此，这一时期风电领域的专利数量增长速度逐渐变缓。而这一时期，核电、光伏发电以及新能源汽车的专利申请量继续增加；地热能和生物质能领域的专利数量增长速度较慢，这主要与地热能、生物质能技术利用对资源的依赖程度较高有密切的关系。

二、新能源领域的技术成熟度分析

考虑到数据的有效性及新能源领域的技术发展特征，选取新能源技术的专利数量作为评价指标。通过分析新能源领域相关技术专利数量的动态变化，揭示新能源领域的技术成熟度状态。

分析新能源领域的相关技术专利变化趋势可以发现，我国新能源领域的所有相关技术专利数量都呈现相似的高增长态势。但是，我国新能源领域专利数量高增长的影响因素有很多，不仅包括新能源企业的内部技术创新动力，而且包括一些外部环境因素的驱动，如来自各级政府的优惠扶持政策。

因此，为了消除外部环境影响因素的作用，揭示新能源领域技术创新的本身特征，采用技术专利相对增长率作为评价技术成熟度的有效指标。

相关指标的含义及计算方法如下：

令$G_t = \frac{P_t - P_{t-1}}{P_{t-1}}$表示某技术领域在第 t 年的专利增长率，其中，t 代表年份，P_t 代表第 t 年专利数量。

令 $R_t = \frac{G_t}{A_t}$ 表示某技术领域专利在第 t 年的相对增长率，其中，A_t 为第 t 年度我国整体专利增长率，G_t 为第 t 年度我国某技术领域的专利增长率。

当 $R_t < 0$ 时，表示该领域的专利数量出现负增长（开始减少），R_t 的值越小，专利数量减少速度越快，说明该领域的企业均在退出这个领域的研究；当 $0 < R_t \leq 1$ 时，表示该领域的专利数量增长速度较慢，低于或等于我国整体的专利增长速度（专利平均增长速度）；当 $R_t > 1$ 时，表示该领域的专利数量增长速度较快，超过了我国整体的专利增长速度（专利平均增长速度），R_t 的值越大，专利数量增长速度越快，说明该领域的技术发展潜力越大。

利用我国在风电、核电、光伏发电、生物质能、地热能与新能源汽车领域的相关专利数据，结合 R_t 的计算方法，可以得到我国各新能源技术领域的专利相对增长率（见附表 5-2）。

附表 5-2 新能源领域相关技术的专利相对增长率

年份	风电	核电	光伏发电	生物质能	地热能	新能源汽车
1999	7.3	3.1	0.0	0.0	5.0	0.0
2000	-1.4	-0.4	7.4	0.0	6.1	3.7
2001	6.2	0.0	-3.5	0.0	-3.2	2.6
2002	0.4	1.7	12.4	0.0	1.4	-1.4
2003	1.0	0.2	-1.1	4.5	1.1	15.8
2004	1.9	3.7	0.0	0.0	10.9	2.3
2005	1.9	0.2	9.6	4.3	-0.7	-0.7
2006	3.1	6.7	5.3	2.9	0.0	14.7
2007	4.4	-0.1	9.1	8.0	3.3	1.2
2008	2.7	4.6	2.7	1.6	1.2	-1.6
2009	3.4	2.3	5.4	5.1	0.5	-0.2
2010	2.4	7.1	2.8	0.7	3.8	9.8
2011	1.2	0.9	1.7	1.7	1.3	7.2
2012	0.7	1.8	1.6	0.8	-0.1	2.1
2013	-0.2	2.2	3.2	1.5	4.6	2.4
均值	2.33	2.27	3.77	2.07	2.35	3.86

从附表 5-2 可以看出，新能源汽车领域的专利相对增长率的均值最高，为 3.86，其次是光伏发电（3.77），其余技术领域的专利相对增长率均值都在 3 以下；生物质能的专利相对增长率均值最低（2.07），说明该领域的技术创新活动明显落后于其他新能源技术领域。整体来看，新能源技术领域专利数量基本都呈现了较高的增长态势。

为了深入揭示新能源领域相关技术活动的动态变化规模，

结合国家出台的新能源支持政策与相关的产业发展规划，将新能源领域技术活动的变化分为三个阶段，具体为：2000~2004年，技术萌芽阶段；2005~2009年，技术成长阶段；2010~2013年，技术快速发展阶段（见附图5-2）。以下将结合这三个阶段，分别对新能源领域相关技术的专利相对增长率进行分析。

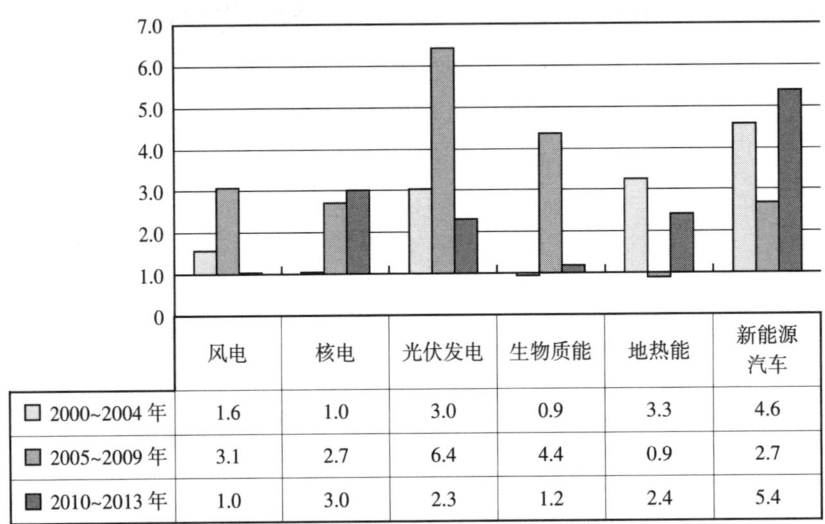

	风电	核电	光伏发电	生物质能	地热能	新能源汽车
2000~2004年	1.6	1.0	3.0	0.9	3.3	4.6
2005~2009年	3.1	2.7	6.4	4.4	0.9	2.7
2010~2013年	1.0	3.0	2.3	1.2	2.4	5.4

附图5-2 新能源领域相关技术的分阶段专利相对增长率

1. 风电领域技术研发活动的动态特征

我国在风电领域的技术研发活动起步较早。2000~2004年，风电领域的技术研发活动发展速度较慢，呈现平稳发展态势；2005年以后，该领域的技术研发活动快速增长，2005~2009年，我国风电领域技术专利的相对增长率较高，这与国家开始重视节能减排问题、加快推进可再生能源发展战略规划密切相关。

“十一五”期间，风电开发利用技术不断成熟，风电产品市场不断扩大。在此期间，我国公布了多项支持风电行业发展与技术创新活动的政策。因此可以看到，我国风电领域的技术创新活动在此阶段快速增加，相关专利申请量也呈现井喷式增长。

“十二五”期间，风电领域的相关技术日趋成熟，风电产品市场逐渐饱和，我国风电领域的专利数量增长速度开始放缓。可以看到，2013 年风电领域的专利相对增长率出现负增长（-0.2），表明风电领域的技术专利增长开始呈现下降趋势。

2. 核电领域技术研发活动的动态特征

核电领域的技术研发活动具有较高的技术性和安全性要求，技术研发周期较长。因此，从附图 5-2 可以看出，在 2000~2004 年与 2005~2009 年这两个阶段，核电领域的相对增长速度缓慢。

2010 年以后，国家越来越重视核电作为战略性资源的重要性，发布多项政策推动核电技术的研发活动与相关的产业化活动。这一阶段，核电领域的专利数量增长速度明显加快，说明核电技术开始进入迅速发展阶段。2010~2013 年，核电领域的专利数量仍保持着较平稳的相对增长速度。

3. 光伏发电领域技术研发活动的动态特征

2000~2004 年，光伏发电领域的专利增长速度较慢。随着环境和能源问题的日益突出，我国对光伏发电的政策支持力度也不断加大，并于 2005 年颁布了《可再生能源法》，随后国务院出台了《关于促进光伏产业发展的若干意见》等政策法规，光伏发电产业越来越受到国家重视。2005 年之后，光伏发电领域的专利相对增长率呈现较高的增幅。

4. 生物质能领域技术研发活动的动态特征

生物质能领域的专利相对增长率在 2003 年和 2005 年突破零，整体来看，该领域的专利增长速度低于我国专利的平均增速。

2006 年，国家出台政策明确将生物质发电列入重点扶持范围；“十二五”期间，相继出台各项优惠政策支持生物质能的发展。因此，2006~2013 年，生物质能领域的专利相对增长率保持平稳增长，表明该领域逐步受到国家与企业的重视，具有一定的发展潜力。

5. 地热能领域技术研发活动的动态特征

2000~2004 年，地热能领域的专利数量呈现较慢增长。从 2005 年开始，地热能领域的专利相对增长率有所提高。

2006 年后，国家大力发展可再生能源，积极推进地热能的开发利用和推广。受地理区位和资源分布的影响，该技术专利增长率较低；但整体来看，该领域的技术研发活动正处于成长阶段。

6. 新能源汽车领域技术研发活动的动态特征

2000~2004 年，新能源汽车领域的专利相对增长率波动较大。

随着国家对节能减排和汽车产业结构调整的重视，尤其是 2005 年国家“863 计划”节能与新能源汽车重大项目出台后，该领域的专利数量开始大幅度增长，并于 2006 年相对增长率达到 14.7。2006 年之后，国家陆续出台多项政策扶持新能源汽车产业的发展。因此，整体来看，新能源汽车领域的专利数量呈现较高的增长速度。

三、山西省新能源领域的相关技术优势分析

利用技术领域专利在第 t 年的相对增长率的计算方法，收集山西省在新能源技术领域的相关专利数据，计算出山西省新能源技术领域的相对优势（见附图 5-3）。

附图 5-3 中的气泡大小代表山西省在该技术领域专利数量的多少。横坐标表示该技术领域的专利相对增长率，相对增长率 $R_t > 1$ 时，表示该领域专利数量的增长速度高于我国专利平均增长速度，R_t 的值越大，专利数量的增长速度越快，说明该领域发展潜力越大，越值得投入研发资源；而 $0 < R_t \leqslant 1$ 时，表示该领域的专利数量增长速度较慢，低于或等于我国专利平均增长速度。纵坐标表示山西省在新能源领域的相对技术优势，

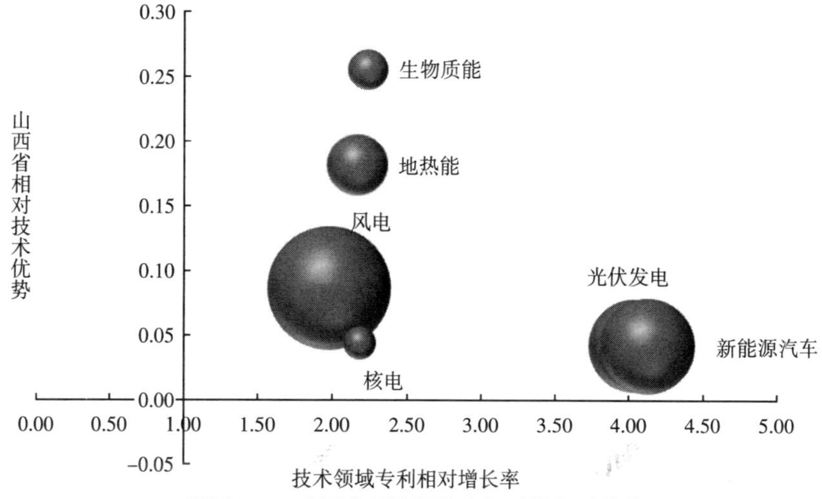

附图 5-3　山西省新能源技术领域的相对优势

该指标数值为山西省新能源领域的某项技术专利数量与该技术专利排名第一的省或直辖市专利数量的比值，该比值越大，山西省在全国的相对优势越大。可以得到该指标值最大为 1，若山西省某项技术的得分为 1，说明山西省在该技术领域的技术创新能力处于领先地位。

从专利数量来看，山西省在风电技术领域的专利数量最多，其次是光伏发电、新能源汽车、地热能、生物质能与核能。

从专利的相对增长率来看，山西省在新能源汽车和光伏发电领域的专利相对增长率都在 4 以上，发展潜力最大；其次是生物质能、核电和地热能领域，专利相对增长率均在 2 以上，表明这三个领域专利增长速度都很快；风电领域相对增长率为 1.97，虽然略低于其他领域，但该领域的专利数量增长速度高于我国专利数量的平均增长速度，说明山西省在风电领域的技术正逐步向成熟阶段发展。

总体来看，山西省在风电、光伏发电、新能源汽车、地热能、生物质能与核能六大新能源技术领域的专利数量增长速度均高于我国专利数量的平均增长速度。山西省在生物质能和地热能领域具有一定的技术优势，应加大对生物质能和地热能的开发利用。

同时，在风电领域，山西省应充分发挥风电装备制造方面的优势，依托太钢、太重等装备制造企业，积极研发风电装备并加大风电领域技术研发成果的推广与应用。

山西省在核电、光伏发电和新能源汽车领域的专利数量较少，不具有技术优势，未来应大力支持这些技术领域的研发活动。

附录六　新能源产业典型高新技术开发区与企业调研记录

本附录主要对西安高新区、保定高新区、山西新源煤化燃料有限公司与山西中电科新能源技术有限公司进行了调研。

一、西安高新区调研记录

1. 参会人员

张国伟：西安科技大市场主任

郝　雪：技术交易服务部长

王　栋：知识产权服务部长

陈　红：中北大学经济管理学院副院长，创新研究中心负责人，教授

刘东霞：中北大学经济管理学院副教授

记录人员：郭凯、杨星宇

时　间：2015 年 11 月 13 日　9：30~12：00

2. 西安高新区简介

西安高新技术产业开发区是 1991 年 3 月经国务院首批批准

的国家级高新区。20 多年来，西安高新区主要经济指标增长迅猛，综合指标位于全国 56 个国家级高新区前列。

西安高新区在推动技术创新、发展拥有民族自主知识产权的高新技术产业方面形成了自己的优势和特色。全区累计转化科技成果近 10000 项，其中 90%以上拥有自主知识产权。全区有经认定的高新技术企业 1320 家，累计转化科技成果近 8200 项，其中 93%以上拥有自主知识产权。

西安高新区充分发挥科技资源集聚的优势，推进科技成果转化，发展特色高新技术产业，主要经济指标年均增速超过 30%。为落实“一带一路”战略，西安高新区紧抓全球产业布局调整的重大机遇，形成了以新一代信息技术和高端装备制造为主导，生物医药、节能环保、新材料和科技服务业多元支撑的发展格局，走出了一条内陆高新区依托自主创新实现跨越发展的成功之路。2014 年，西安高新区完成企业总收入首次超过万亿元，达到 11070 亿元，居全国高新区第三位；进出口总额首次超过千亿元，达到 1180 亿元，约占陕西省进出口总额的 80%；对国家和地方的财政贡献超过 600 亿元。

3. 访谈问题

（1）对于技术转移提供什么政策支持？

一方面是通过免税进行支持，另一方面是对于技术的买方给予补贴，对于技术的卖方给予资金的奖励。

（2）科技大市场如何推动交易？

一方面通过搭建平台，实现信息的共享，使买卖双方可以及时得到所需要的相关信息；另一方面是产学研合作的对接。更多情况下是通过中介机构去推动交易，少部分是由科技大市场直接去做。

（3）科技大市场对自己的定位是什么？

“服务于服务”，支持第三方的第四方平台，最终目的是实现技术的市场化转移。

（4）科技大市场如何促成双方达成协议？

一些情况下是买卖双方自己达成协议，一些情况下是大市场协助双方达成协议，还有一些情况下是大市场帮助某一方去寻求适合的合作伙伴，并促使其达成协议。

（5）科技大市场在创业人才方面做了哪些工作？

提供创业支持、服务和培训，培训是公益性的，由政府埋单，如开展的创业大讲堂。

（6）科技大市场为创业者提供哪些服务？

对于创业中遇到的问题，科技大市场都会尽力帮助解决。在企业发展过程中，只要是企业需要的服务，除了行政性的需求外，都会提供相应的帮助。目前，科技大市场拥有 500 多家服务机构来提供相应的服务。

（7）高校与企业合作的积极性如何？

产学研的效率非常低，根本原因是没有把相应的市场体制建立起来。此外，学校老师的目的与企业的目的不同，老师进行科研在某些情况下是为了职称或者其他，而企业是为了利润。还有就是产业结构分布的矛盾，本地的技术成果不能够在本地进行转化，需要在外地转化，特别是东部沿海。陕西是需要与外地进行合作，将自己的研发带到外地形成成果，完成转化。虽然企业主动与高校对接，但是很难实现理想的效果，并且由于企业对于一些技术的保密，不会暴露自己的核心技术难题。

（8）对于大学老师而言，其创业方面有什么困难？

首先，大多数学校不允许老师创办企业；其次，老师得不到充足的奖励，体制内的制度不合理、烦琐，都严重阻碍了大学老师的创业。

（9）西安高新区有哪些支柱产业？

传统的电子、信息产业，“强生”的进入带动的生物医药产业，以比亚迪新能源汽车为代表的新能源产业，还有就是现代服务业。

（10）这些产业的产业基础是什么？

高校与科研院所的智力支持、原有的产业基础，还有就是相应的政策支持。

（11）高新区以哪些产品为主？

大部分是航空航天方面的产品，此外还有数控机床，新能源汽车的比重较小。

（12）在产业集聚过程中，哪类企业起到了带头促进作用？

通过省、市、区三级的政策将三星引入高新区，而三星的进入造成了很强的凝聚力，原来一些不愿意进入高新区的企业也因此进入了高新区。

（13）产业发展过程中政府的政策都进行了哪些调整？

政策根据实际的情况会进行相应的调整，一般 1~2 年为一个周期，2014 年 4 月进行了相应的政策调整，将原来的政策缩减为七大政策，根据发展阶段的不同需要提供不同的政策，政策一般执行 3 年。

（14）企业由小到大是怎么实现的？

在最初阶段，政府提供相应的资金、土地和政策的支持，在发展到一定阶段以后，就交由市场去筛选，大浪淘沙，经历市场的企业才能够走得更远。

（15）为什么绝大多数企业不进孵化器？

首先是高新区的孵化器地方小，不能满足企业的需求；其次是企业本身不需要进入孵化器。

（16）如何提供资金保障？

高新区的资金来源主要是企业的税收，然后通过补贴和奖励的方式回馈给企业，促进企业的进一步发展，从而创造更大的利润，形成一个良性的循环。

（17）西安高新区的国家级产业基地发展如何？

西安高新区的国家级产业基地很多，有的依靠国家的扶持，有的依靠自己的发展。通过申请国家级、省级和市级的项目来获取相应的资金支持，区级更多的是通过补助而不是项目。省、市级的项目更多的是区域方向的研究，国家级的项目更多的是技术方向的研究。

（18）对于现代服务业发展有哪些看法？

对于增值服务，就目前来说，还和西方国家有很大的差距。首先，传统的服务行业缺乏主动性；其次，缺乏市场的引导；最后，人们的思想认识程度不够高，对于服务行业的观念还没有改变。

二、保定高新区调研记录

1. 参会人员

马晓玫：保定市高新技术开发区经济发展局科长

陈　红：中北大学经济管理学院副院长，创新研究中心负责人，教授

刘东霞：中北大学经济管理学院副教授

记录人员：赵振霞、郭凯

时　间：2015 年 11 月 10 日　9：30~12：00

2. 保定高新区简介

保定高新区是 1992 年 11 月经国务院批准建立的国家级高新技术产业开发区之一。实际管辖面积 60 平方公里，辖内街道 1

个（3 个社区），乡 2 个（34 个行政村），总人口 5.5 万人。

保定高新区形成了以新能源与能源装备产业为特色，以软件、新材料、生物制药等为补充的高新技术产业体系。2012 年全区实现固定资产投资 101.7 亿元，同比增长 2.6%；全部财政收入 30.8 亿元，同比增长 19%；社会消费品零售总额 57.4 亿元，同比增长 14.5%；工业总产值 850 亿元；实际利用外资 2923 万美元。工业生产总值、财政收入、实际利用外资在全市居领先水平。

发挥新能源与能源装备制造产业的集群优势，2006 年保定市提出“中国电谷”发展战略，依托高新区，打造中国新能源产业战略发展平台。目前，保定·中国电谷在光电、风电、节电、储电、输变电与电力自动化设备六大产业领域保持集聚优势，相关企业 170 多家；英利、国电联合动力、天威、中航惠腾等光电、风电、输变电知名企业保持同行业领先地位，并带动形成中国电谷光电、风电两大完整产业链条。中国电谷新能源产业的鲜明特色在国内形成了独特的产业品牌，吸引了中国兵装集团、国电集团、国家开发银行等国字号大集团、金融机构加盟合作，共同发展。

保定·中国电谷先后被国家发改委、科技部、商务部、工信部等部委确立为“国家高技术产业基地”、“国家可再生能源产业化基地”、“国家科技兴贸出口创新基地”、“国家新型工业化产业示范基地”、“国家太阳能光伏发电应用集中示范区”，世界自然基金会将保定列入中国首批启动的“低碳城市发展项目”。

当前，把握以新能源为代表的低碳绿色产业发展的机遇，保定高新区继续做大做强中国电谷，130 平方公里的“生态电谷、低碳新城”宏大规划已全面启动，正在为低碳和谐发展做出新的贡献。在未来发展中，保定高新区将建设成为区域产业转型发展的孵化器、创新驱动发展的示范区、高端技术人才的聚集区和低碳文明生态的新城区。

3．访谈问题

高新区新能源产业发展基本情况：

（1）园区内新能源产业有哪些类型？

园区内新能源产业主要有光电、风电、节电、储电、输变电与电力自动化装备制造。

代表企业及产品为英利集团——多晶硅太阳能电池；中航惠腾风电设备股份有限公司——风轮叶片；国电联合动力技术（保定）有限公司——风能设备。

（2）新能源产业发展的基础是什么？

主要是借助保定市原有的工业基础，区内很多龙头企业也是从以前的国有工业企业改制发展起来的，有一定的产业基础。

（3）政府是如何扶持行业发展的？

实施产业集聚政策，支持产业龙头企业优先发展，引导相关企业进入，从而形成规模产业群。

（4）政府是否根据产业发展的不同阶段出台不同类型的支持政策？

保定市政府和高新技术开发区委员会在企业发展不同时期确实出台了相应的扶持政策。例如，在高新区内实行优惠地价政策，但是也只是停留在纸面阶段，执行力度不够。

产业集聚情况：

（1）园区内哪些新能源产业基本形成了产业集聚？

高新技术产业开发区以国家火炬计划保定新能源与能源设备产业基地为基础，以保定·中国电谷为发展平台，形成了以光伏发电、风力发电、输变电、储电、节电与电力自动化设备制造六大产业为支撑体系的新能源产业集群。

（2）在产业集聚过程中，哪些企业起到了带头促进作用？

在风力发电产业上，主要是中航惠腾风电设备有限公司和国电联合动力技术（保定）有限公司起到了带头促进作用；在太阳能发电产业上，主要是英利集团起到了带头促进作用。

（3）政府通过哪些政策或手段促进产业集聚的形成？

保定市政府主要是扶持龙头企业，如英利集团，在高新技术开发区形成一定的影响力，从而吸引相关配套企业进入。其实政府主要是提供给企业合适的投资发展环境，主要的动力还在于企业自身。

（4）园区内是否已经形成了相对完整的新能源产业链？在光电、风电产业链上，哪些环节是关键环节？该产业链是如何发端的？管委会在其中的作用是什么？

保定市高新技术开发区已经在多晶硅太阳能电池产业和光伏装备制造业上形成了相对完整的新能源产业链。

在光电、风电产业链上，企业在初期时政府的政策支持是关键环节。

该产业链是从龙头企业发端的，也有科技专利产业化，如英利集团。

高新技术开发区管委会在其中主要是提供平台服务，了解企业在发展中的需求，如在国家创新项目申报中充当推荐者的角色，提供政策方面的支持。若能解决，则及时帮助企业解决，若超过管委会权限，则及时向市政府反映。

（5）在小企业发展壮大以及技术产业发展过程中，政府政策的作用表现在哪些方面？

政府的作用主要表现在两个方面：其一，政府出台了“孵化器—加速器—产业园”三级跳政策，在各个阶段出台相应的优惠扶持政策，如在加速器阶段，会建造标准厂房供企业租赁或低价购买，规划科技园、创业园等。其二，积极帮助小企业申请国家科技创新项目，鼓励科技型中小企业积极创新，政府每年也会有一定的财政资金支持。

（6）怎么解决政府不同职能部门的协调问题？

在新设项目建设中，主要是由管委会组织开展项目协调会，对解决不了的问题申请上一级部门统筹协调。

促进企业发展：

（1）出台了哪些财政税收政策支持新能源产业的发展？

在资金方面，政府设立了项目资金鼓励企业去申报；在税收方面，没有相关的支持政策。

（2）有哪些政策支持新能源企业技术创新？

在企业发展初期，政府支持企业引进消化吸收外部技术后再创新。当企业发展成熟后，政府主要支持企业自主创新。

（3）如何提供人才支撑？如何提供资金保障？

在人才支撑方面，保定市政府联手高新技术开发区管委会建立了人才库和人才市场，并且对于企业引进专家还有专项补贴。但是，高端人才的引进依然是靠企业自身。

在资金方面，保定市政府在高新技术开发区建立了科技银行，主要用于支持科技型企业。

（4）借助哪些渠道为新能源企业提供信息综合服务？

保定市政府、科技局、高新技术开发区管委会三方正在筹建技术大市场。

（5）保定高新区是怎么引导配套企业发展的？

市场推动、企业的吸引和政策引导都有。在配套企业发展上，政府侧重对于投资新能源的企业实施优惠地价和职工房租减免政策，管委会主要帮助企业宣传跑业务，就是软环境的扶持。市场的推动力还是不可忽视的，龙头企业的品牌影响力是非常重要的影响因素，会吸引相关配套企业自发进入行业。

“十二五”及“十三五”规划情况：

（1）“十二五”及“十三五”重点做了或准备做哪些工作？

“十二五”主要是提高园区的发展质量，加大科技创新。“十三五”的具体规划还没做完，准备做的重点工作就是依托现有的产业基础，在新的领域发展延续产业，如以科技金融、现代物流、软件与信息服务为重点，促进发展商务服务、科技服务等，形成服务于园区产业发展优化升级以及科技新城建设的持续推动力。重点发展动漫、新材料、生物医药、新能源汽车等一批初具基础的产业领域，并密切关注飞机等园区其他新能源技术应用领域，建立未来技术和产业种子的蓄水池，不断发掘高新区经济发展新的增长点。

（2）高新区的公共创新服务体系包括哪些？

主要包括几个方面：

创业服务：“孵化器—加速器—产业园”三级跳模式。

服务平台：新能源与能源设备产业基地、国家高技术产业基地（新能源）、国家可再生能源产业化基地、国际科技合作基地、国家科技兴贸创新基地等七个国家级新能源产业平台，搭建与国家部委的“直通车”，帮助企业掌握政策导向、争取国家扶持资金及项目支持。

金融支持：高新区与国家开发银行达成战略合作意向，联合建立中小企业金融服务平台；与河北省经济技术担保公司展开合作，帮助企业争取银行贷款支持。

人才服务：人才库、人才大市场的建设以及对引进高端人才的鼓励和补贴政策。

（3）如何引导新能源产业的技术研发方向？

在技术研发上，企业对于市场的嗅觉比政府更加敏锐，大体方向还是企业自己定。政府主要提供引导作用，例如，保定市政府在高新技术开发区建立了保定·中关村创新中心，盖了两座大楼由中关村创新中心管理使用，从而帮助开发区引进高新技术企业。

三、山西新源煤化燃料有限公司调研记录

1. 参会人员

张　发：山西新源煤化燃料有限公司总经理

李总工程师：山西新源煤化燃料有限公司技术研发负责人

陈　红：中北大学经济管理学院副院长，创新研究中心负责人，教授

刘东霞：中北大学经济管理学院副教授

记录人员：赵振霞、郭凯

时　间：2015年11月6日　9：00~11：30

2. 山西新源煤化燃料有限公司简介

山西新源煤化燃料有限公司是一家民营股份制企业，位于全国煤炭重化工基地山西省会城市太原。公司于2002年在山西省工商管理局登记注册成立，是一家专业从事煤基醇醚燃料生产的高新技术企业，公司现有职工60人，其中中高级工程技术人员20余人。

公司成立以来，利用山西丰富的煤化工资源，依托国内科研机构、大专院校的人才技术优势，致力于新型能源、新型燃料的研发生产。拥有三套现代化的醇醚燃料生产装置：一是年产2万吨的甲醇汽油、柴油变性醇生产调配装置；二是年产5000吨的醇醚燃料添加剂生产装置；三是年产3万吨的甲醇轻烃低温醚化生产装置。另外还有一套较为完善的产品质量监督检验设备，为产品的全过程监督检验以及新产品后续开发创造

了有利的条件。

公司主要产品为高清洁甲醇汽油用改性醇、甲醇复合柴油、生物质油与纳米级微乳柴油。围绕以上产品，公司又自主研发了甲醇汽油和柴油用添加剂、助溶剂、动力增强剂、腐蚀抑制剂等车用、炉用、灶用燃料油系列产品。甲醇汽油和高清洁车用柴油经中国科学院工程热物理所代用燃料发动机实验室、山西省质量技术监督局汽车产品质量监督检验站台架试验检验合格，符合相关国家及山西省甲醇汽油地方标准。

3. 访谈问题

（1）贵公司基本情况如何？

公司属于民营股份制企业，目前公司有 60 人，属于中小型高新技术企业。

主要业务是新能源领域的产品 M5、M15、M85、M100 甲醇汽油；民用醇基灶用、炉用燃料油；汽柴油用降凝剂、增标剂；甲醇汽油助溶剂、金属腐蚀抑制剂、橡胶抗溶胀剂等。

（2）贵公司的产品在产业链中处于什么位置？是核心部件还是普通的零部件？

公司的产品在产业链上属于终端核心产品。

（3）涉及新能源的产品业务产值情况如何？

企业上年度产值 1 亿元，预计下一年的产值将达到 1.5 亿元。

（4）企业的产品销售市场、客户都有哪些？

公司主要与中国石油、中国石化合作销售甲醇汽油。

（5）全省同类型企业的数量如何？是否有龙头企业？龙头企业的发展情况如何？

在山西省，同类型的企业有 3 家，同类型的企业做得最好的是山西华顿实业有限公司，属于本行业的龙头。由于 2015 年初国家征收消费税，并且追缴到 2008 年，华顿实业有限公司缴纳消费税金将近2亿元，因此华顿公司已经退出本行业。

（6）贵公司的技术研发情况如何？是否有政府项目支持或研发补贴？

公司在技术研发方面有专门的技术团队，在工艺技术、产品配方、添加剂上都是自主研发。由于国家没有把甲醇汽油划入新能源产品，因此政府对于我们公司没有任何补贴。

（7）贵公司在研发中有没有合作的科研院所和高校？合作方式怎样？

公司在科研技术上主要与中国石油大学合作，在设备上主要和山西煤化所、太原理工大学合作。

（8）贵公司专利申请情况如何？

公司甲醇汽油技术和经验相对比较成熟，拥有11个发明专利，有2个专利正在申请中。

（9）在太原市发展甲醇汽油有哪些优势？需要政府提供哪些方面的支持？

太原市甲醇原料充足，而且甲醇作为其他产品的副产品被我公司使用制造甲醇汽油也属于资源回收再利用。公司希望政府对于甲醇汽油的定位予以明确，即属于化工产品还是新能源产品。要是政府认为甲醇汽油属于新能源产品，那么政府应该根据国家政策取消或者减半消费税。

（10）如果要把贵公司所属行业做大，太原市需要出台哪些政策措施？

政府必须对甲醇汽油的定位予以明确（属于新能源产品还是化工产品）。

甲醇汽油在山西做得很好而且市场很大，希望能在政府的帮助下与相关企业合作。例如，政府帮助推广甲醇汽油应用于公交车上。

可以借鉴其他省对于甲醇汽油的补贴政策，结合太原市的具体情况，制定出台相关支持政策，如减免消费税或者给予一定的经济补贴，并结合国家补贴标准，制定省市具体标准。

四、山西中电科新能源技术有限公司调研记录

1. 参会人员

杜海文：山西中电科新能源技术有限公司总经理

李总工程师：山西中电科新能源技术有限公司技术研发负责人

陈　红：中北大学经济管理学院副院长，创新研究中心负责人，教授

刘东霞：中北大学经济管理学院副教授

记录人员：赵振霞、郭凯

时　间：2015 年 11 月 6 日　14：30~16：30

2. 山西中电科新能源技术有限公司简介

山西中电科新能源技术有限公司是中国电子科技集团公司第二研究所（央企）下属国有控股公司，注册资金 39040 万元。中国电子科技集团公司第二研究所是专业从事电子专用设备研发制造的国家级研究所，是国家科技部国家计划项目和国家发改委产业化项目承担单位，有多项产品列入国家重点新产品计划和国家火炬计划。

太阳能是人类取之不尽、用之不竭的可再生能源，光伏行业作为新能源产业具有不可限量的发展潜能。2010 年第二研究所利用光伏设备自主知识产权，依托集团公司光伏上下游产业优势，顺应山西省产业转型发展需要，创办了山西中电科新能源技术有限公司，主要从事太阳能多晶硅片、太阳能电池片、太阳能组件的研发、生产、销售，以及光伏发电系统设计，光

伏设备及仪器、电子工艺装备的销售；已具备年产300兆瓦光伏电池多晶硅片生产能力，产品品质处在国内行业先进水平。

公司承担的“太阳能电池硅片及成套装备产业化”项目是2010年中国电子科技集团公司与山西省及太原市政府签约的战略合作项目。公司被授予第一批太原市“绿色百强示范项目企业”，荣获山西省“百强潜力企业”称号，2011年公司被认定为高新技术企业，2013年公司技术中心被认定为太原市级企业技术中心。

作为中国电子科技集团公司与山西省、太原市战略合作的载体，同时也是山西省和太原市光伏类项目建设的承担单位，中电科新能源技术有限公司在省内转型优势突出，被评为山西省工业转型发展百强潜力企业、太原市绿色百强示范项目企业、高新技术企业。

3. 访谈问题

（1）贵企业的基本情况如何？

公司属于国企，从规模来看，属于中小型高新技术企业。

主要业务是从事太阳能多晶硅片、太阳能电池片、太阳能组件的研发、生产、销售，以及光伏发电系统设计，光伏设备及仪器、电子工艺装备的销售。

（2）贵公司的产品在产业链中处于什么位置？是核心部件还是普通的零部件？

在产业链上属于中间产品，是核心部件。

（3）涉及新能源的产品业务产值情况如何？

作为山西省最大的太阳能多晶硅片及组件生产制造企业，年产值可以达到4.2亿~4.3亿元，但是利润只有100万元左右。

（4）企业的产品销售市场、客户都有哪些？

因为企业是央企控股，而且企业生产的是中间产品，所以其销售市场主要是集团内部，目标客户主要是在湖南、江苏、台湾等，山西省内销售较少。

（5）在本地销售不足的主要原因是什么？

作为新能源领域的产品，市场需求很大，但是本地没有专门的配套企业，或者缺乏配套的终端产品，所以产品大多在集团内部消化或销售到外省企业。

（6）省外同类型行业做得好的是哪里？

做得比较好的肯定是江浙地区，如最有代表性、做得很好的有江苏徐州的协鑫集团控股有限公司，是中国首家突破年产万吨级以上多晶硅产能和产量的企业，是全球最大的多晶硅生产企业之一，也是全球硅片产能最大的企业。

（7）江浙地区光伏企业的发展基础有哪些？

江浙地区光伏发电效率并没有我们山西省高，但是这些省份能够抓住市场经济形势，积极吸引和支持企业进入光伏发电行业，形成产业集聚。如江苏光伏相关的配套企业达到70%以上，产业集聚优势明显。

（8）这些省份有哪些政府支持政策吗？

政府支持主要在应用领域：一方面，政府针对新能源光伏发电企业有明确的政策导向；另一方面，企业可以享受省、市、县三级的政策优惠，如光伏发电补贴力度较大，具体政策措施得到了落实。

（9）在太原市发展光伏发电有哪些优势？需要政府提供哪些方面的支持？

太原市光伏资源丰富，相对于内蒙古、新疆等地区，距离东部城市近，光伏发电外输的成本相对低，而且国家大力支持光伏发电，市场前景广阔。

但是省内针对光伏发电的具体政策较少，山西省只有晋城一个城市出台了具体的针对分布式光伏发电的优惠政策，对晋城市有分布式电站的企业进行补贴。太原市没有相关的政策优惠和补贴措施。

（10）贵公司在太原市的产品生产销售主要有哪些局限？

对于企业来说，首先是产品终端市场不足，其次是产业链上游企业短缺。现在太原市做太阳能多晶硅片的只有我们一家企业，原材料都是从外省运进来，生产加工完以后的副材料仍需要运回去进行处理。如果遇到下雪天，材料不能及时运到，生产就要停下来，大大增加运输成本。如果太原市在这个产业链上有相关的企业进入，企业间互通有无，可以大幅度减少生产成本。

（11）除了终端市场局限，贵公司的技术研发情况如何？是否有政府项目支持或研发补贴？

公司在技术研发方面有专门的研发团队，也有国家、省市级项目支持，这方面的技术已经完善，只是产业链条的上游和下游缺乏，本地相关企业较少，企业生产销售成本较高。

技术研发都是企业自主投资，没有研发后补助的政策支持。

（12）贵公司在研发中有没有合作的科研院所和高校？合作方式怎样？

我们的合作者省内省外都有，省内和太原理工大学有合作；一般是合作开发技术。

（13）专利申请情况如何？

申请专利 29 项，拥有的专利 18 项，其中发明专利 2 项。

（14）如果要把贵公司所属行业做大，太原市需要出台哪些政策措施？

太原市分布式发电站仍有很大市场，但是并网政策限制多、程序复杂，政策落实不够到位。

在分布式发电站的建设中，希望政府出台具体的政策规划，加大推广应用领域的政策引导，可以借鉴周围做得好的省市。

可以借鉴运城市的光伏发电补贴政策，结合太原市的具体情况，制定出台相关的支持政策，如光伏发电补贴，并结合国家补贴标准，制定省市具体标准。

积极鼓励本地企业进入光伏行业，增加相关的配套企业，形成产业集聚，从而减少生产和运输成本。完善产业链上游和下游，支持企业进入新能源领域，出台具体政策扶持、鼓励做实事的企业。

参考文献

［1］国新能源网. 2016 年全球新能源发展的十大趋势［EB/OL］. http：//newenergy.in－en.com/html/newenergy－2272683.shtml，2016-06-14.

［2］李克国. 低碳经济概论［M］. 北京：中国环境科学出版社，2011.

［3］Reiche D. Handbook of renewable energies in the European Union［J］. Case Studies of All Member States，2002（2）.

［4］Lori B.，Elizabeth L. Interaction of compliance and voluntary［J］. Energy Markets，2007（10）.

［5］Alagappan L.，Orans R. What drives renewable energy development?［J］. Energy Policy，2011（39）.

［6］Mischa B.，Reiche D. Good environmental governance for renewable energies［J］. Energy Policy，2006（6）.

［7］Danyel R.，Mischa B. Policy differences in the promotion of renewable energies in the EU member states［J］. Energy Policy，2004（32）.

［8］Jobert A.，Mimler S. Local acceptance of wind energy［J］. Energy Policy，2006，35（5）.

［9］Joy M. Renewable energy for rural electrification in developing countries［J］. Energy Policy，2002（12）.

[10] Pablo D. R., Gregory U. Overcoming the lock out of renewable energy technologies in Spain[J]. Renewable and Sustainable Energy Rewiews, 2007 (11).

[11] 李书锋. 不确定性、政府激励机制与可再生能源技术进步 [J]. 科技进步与对策, 2009 (3).

[12] 孟浩, 陈颖健. 基于层次分析法的新能源产业发展能力综合评价 [J]. 中国科技论坛, 2010 (6).

[13] 胡丽霞. 北京农村可再生能源产业化发展研究 [D]. 河北农业大学博士学位论文, 2008.

[14] Liu Y. Q., A. Kokko. Who does what in China's new energy vehicle industry? [J]. Energy Policy, 2013 (57).

[15] 郭濂. 新能源产业中长期发展离不开金融支持 [J]. 中国战略新兴产业, 2014 (11).

[16] 侯沁江, 陈凯华, 蔺洁, 段佩伶. 中国新能源汽车产业创新系统功能演化研究 [J]. 工业技术经济, 2015 (3).

[17] 郭立伟, 沈满洪. 新能源产业集群形成影响因素研究 [J]. 经济问题探索, 2015 (5).

[18] 陈芳, 眭纪刚. 新兴产业协同创新与深化研究: 新能源汽车为例 [J]. 科研管理, 2015, 36 (1).

[19] 刘东霞, 谭德庆. 基于消费者类型的耐用品垄断商再制造策略研究 [J]. 预测, 2014, 33 (2).

[20] 刘东霞. 基于消费者类型的垄断制造商再制造决策研究 [J]. 统计与决策, 2013 (7).

[21] 刘东霞. 基于消费者类型的原始设备制造商再制造决策 [J]. 商业经济研究, 2012 (30).

[22] 刘东霞. 知识管理中核心员工隐性知识共享激励——基于博弈论的视角 [J]. 科技管理研究, 2013, 33 (19).

[23] 刘东霞，高霞，于东海. 联合风险投资的道德风险与逆向选择 [J]. 价值工程，2010，29 (29).

[24] Fred S. Renewable energy policy: Tax credit, budget and regulatory issues [R]. CRS Report for Congress, 2006.

[25] Lund P.D. Effects energy policies on industry expansion in renewable energy [J]. Renewable Energy, 2009 (34).

[26] Jeffrey M., Loiter V. Technology policy and renewable energy: Public roles in the development of new energy technologies [J]. Energy Policy, 1999 (27).

[27] Philippe M., Dominique F. Prices versus quantities: Choosing policies for promoting the development of renewable energy [J]. Energy Policy, 2003 (31).

[28] Dan E. Renewable energy technology opportunities [J]. Energy Policy, 2007 (23).

[29] Nick J., Ivan H. Renewable energy polices and technological innovation: Evidence based on patent counts [J]. Environmental Resource Economy, 2010 (45).

[30] Hvelplund F. Innovative democracy and renewable energy strategies: A full-scale experiment in Denmark 1976-2010 [M]. Energy, Policy, and the Environment. Springer New York, 2011.

[31] Carley S. The era of state energy policy innovation: A review of policy instruments [J]. Review of Policy Research, 2011, 28 (3).

[32] Howarth N. Clean energy technology and the role of non-carbon price-based policy: An evolutionary economics perspective [J]. European Planning Studies, 2012, 20 (5).

[33] 陈幼松. 欧美各国鼓励利用新能源的政策 [J]. 太阳能，1993 (1).

[34] 赵刚. 德国大力发展新能源产业的做法与启示 [J]. 中国科技财富，2009 (19).

[35] 陈凯，史红亮. 清洁能源发展研究 [M]. 上海：上海财经大学，2009.

[36] 卢超，尤建新，戎珂，石涌江，陈衍泰. 新能源汽车产业政策的国际比较研究 [J]. 2014，35 (12).

[37] 周茂荣，祝佳. 欧盟新能源政策：动因分析与前景展望 [J]. 世界经济研究，2007 (12).

[38] 张玉臣，彭建平. 欧盟新能源产业政策的基本特征及启示 [J]. 科技进步与对策，2011 (6).

[39] 刘秀莲. 欧盟国家新能源产业重点领域选择、目标及政策借鉴 [J]. 经济研究参考，2011 (16).

[40] 高静. 美国新能源政策分析及我国的应对策略 [J]. 世界经济与政治论坛，2009 (6).

[41] 元简. 美国的新能源政策：渐进模式及其影响 [J]. 国际问题研究，2014 (6).

[42] 曹玲. 日本新能源产业政策分析 [D]. 吉林大学硕士学位论文，2010.

[43] 王敦清，秦守勤，巫文勇. 我国可再生能源发展的制度建构 [J]. 江西师范大学学报，2006 (12).

[44] 宋双勇. 我国新能源经济发展过程中的制度创新问题研究 [D]. 吉林大学硕士学位论文，2010.

[45] 郭超英. 我国新能源产业发展政策研究 [D]. 西南石油大学硕士学位论文，2011.

[46] 姚梦媛. 中国新能源和可再生能源发展政策研究——基于政策工具的视角 [D]. 上海师范大学硕士学位论文，2011(3).

[47] P.D.Zhang，Y.L.Yang，Y.H. Ye. Opportunities and chal-

lenges for renewable energy policy in China [J]. Renewable and Sustainable Energy Reviews, 2009, 13 (2).

[48] 刘东霞，谭德庆. 基于消费者效用模型的耐用品垄断商回购与再制造决策研究 [J]. 中国管理科学，2014，22 (4).

[49] 张宇男. 我国新能源产业发展研究 [J]. 经济论坛，2014，532 (11).

[50] B. Xia, Y. Li. Analysis on the impact of tax policy over China's new energy industry development [J]. Physics Procedia, 2012 (25).

[51] 张晖. 中国新能源产业潮涌现象和产能过剩形成研究 [J]. 现代产业经济，2013 (12).

[52] 刘东霞. 再制造耐用消费品定价及其营销策略探讨——基于消费者购买意愿的分析 [J]. 价格月刊，2013 (6).

[53] 黄玲，张映红. 德国新能源发展对中国的战略启示 [J]. 资源与产业，2010，12 (3).

[54] 相震. 德国可再生能源开发与利用现状及促进措施 [J]. 四川环境，2012 (1).

[55] 卢静. 德国可再生能源发电再创新纪录 [J]. 中国电力，2015 (12).

[56] 洪磊，贾峰，吴克. 德国可再生能源开发利用现状 [J]. 合肥学院学报，2014 (3).

[57] 张小锋，张斌. 德国最新《可再生能源法》及其对我国的启示 [J]. 中国能源，2014 (3).

[58] 李自成. 德国可再生能源产业的现状与模式 [J]. 太阳能，2009 (10).

[59] 王海燕. 德国可再生能源的新发展及对我国的启示 [J]. 科学与社会，2007 (2).

［60］胡海峰，胡吉亚．美日德战略性新兴产业融资机制比较分析及对中国的启示［J］．经济理论与经济管理，2011（8）．

［61］张宪昌．美国新能源政策的演化之路［J］．农业工程技术·新能源产业，2011（1）．

［62］人民日报．美国八成能源实现自给　世界能源格局将重新洗牌［EB/OL］．http：//news.xinhuanet.com/world/2012-02/10/c_122682928.htm，2012-02-10．

［63］刘东霞．美国中小企业创新创业管理服务机构分析及启示［J］．科技创新与生产力，2016（10）．

［64］BP.BP Statistical Review of World Energy 2013［EB/OL］．http：//www.bp.com，2014-04-10．

［65］中国行业研究网．2012年日本风力发电量点评分析［EB/OL］．http：//www.chinairn.com/news/20130216/172834800.html，2013-02-16．

［66］新华网．日本拟在福岛近海建浮体式风力发电站［EB/OL］．http：//news.xinhuanet.com/energy/2011-09/14/c_122031445.htm，2011-09-14．

［67］冶红英．可持续发展视角下的新能源产业支持政策研究［J］．现代商业，2015（1）．

［68］倪上.天津市新能源产业集群发展研究［D］．天津师范大学硕士学位论文，2012．

［69］杨帆，柴艺娜．新能源装备制造产业集群化发展战略［M］．兰州：兰州大学出版社，2012．

［70］2015年天津市风电产业大数据统计分析［EB/OL］．http：//www.askci.com/news/chanye/20160415/177599940.shtml，2016-04-15．

［71］滨海新区风电产业迈向“成熟期”［EB/OL］．http：//

www.tstc.gov.cn/xinwen/qxkj/201501/t20150130_75608.html，2015-01-30.

[72] 双流网. 转型升级新能源迎来新机遇 [EB/OL]. http://www.shuangliu.gov.cn/detail.jsp?id=732601，2016-03-29.

[73] 刘东霞，高霞，于东海. 太原高新区发展中存在的问题及对策研究 [J]. 中共山西省委党校学报，2006（4）.

[74] 太原科技局. 太原2015年投资936亿 重点抓156个项目 [EB/OL]. http://www.taiyuan.gov.cn/xwzxBmdt/285086.jhtml，2015-04-17.

[75] 太原市科技局. 太重研制成功世界首台高温堆乏燃料地车 [EB/OL]. http://www.taiyuan.gov.cn/xwzxBmdt/244080.jhtml，2014-11-21.

[76] 太原市科技局. "863"计划项目"多晶硅铸锭炉"在我市研制成功 [EB/OL]. http://www.taiyuan.gov.cn/xwzxBmdt/133068.jhtml，2012-11-08.

[77] 太原市科技局. 我市10个项目获得国家国际科技合作专项支持 [EB/OL]. http://www.taiyuan.gov.cn/xwzxBmdt/285088.jhtml，2015-04-17.

[78] 太原市科技局. 我市去年实施的节能减排科技专项成效凸现 [EB/OL]. http://www.taiyuan.gov.cn/xwzxBmdt/133065.jhtml，2012-11-08.

[79] 刘东霞. 基于消费者类型的原始设备制造商再制造决策 [J]. 商业时代，2012（30）.

[80] 刘文龙，刘东霞. 高新技术产业统计方法研究 [J]. 经济师，2012（2）.

[81] 刘东霞. 工业企业技术创新效率DEA评价 [J]. 科技和产业，2012（1）.

[82] 中国电力报. 2014年水电发电量破1万亿千瓦时 火电首下降 [EB/OL]. http://www.china5e.com/news/news-897152-1.html，2015-02-05.

[83] 2015年全国大、中城市固体废物污染环境防治年报 [EB/OL]. http://www.caepi.org.cn/p/1514/362539.html，2015-12-08.

[84] 中国广播网. 习近平就推动能源生产和消费革命提出五点要求 [EB/OL]. http://news.sina.com.cn/o/2014-06-14/070030358653.shtml，2014-06-14.

[85] 国家税务总局. 国家税务总局关于消费税有关政策问题的公告 [EB/OL]. http://www.tax.sh.gov.cn/pub/xxgk/zcfg/xfs/201211/t20121116_400936.html，2012-11-06.